SV

Im Jahr 2008 führte Thomas Grimm Interviews mit Christa Wolf und ihrem Mann Gerhard Wolf. Christa Wolf erinnert sich in dem Gespräch an den Alltag in der DDR, die Überwachung durch die Stasi und die friedliche Revolution von 1989, zu deren wichtigsten Stimmen sie gehörte. Sie spricht über ihre vergebliche Hoffnung auf einen wirklich demokratischen Sozialismus in der DDR, über die Wiedervereinigung und über ihre Eindrücke des sich verändernden Kunst- und Kulturbetriebs. Ihre gesellschaftlichen Diagnosen sind ihrer Zeit weit voraus, ob es den Wegzug junger Leute aus Ostdeutschland, die Ausbreitung rechter Gesinnungen oder die drohenden Folgen des Klimawandels betrifft. Christa Wolf zeigt sich als scharfsinnige Analytikerin der Wendezeit und couragierte Zeitgenossin und gibt ganz persönliche Einblicke in ihr Leben.

Christa Wolf, geboren 1929 in Landsberg/Warthe (Gorzów Wielkopolski), lebte in Berlin und Woserin, Mecklenburg-Vorpommern. Ihr Werk wurde mit zahlreichen Preisen, darunter dem Georg-Büchner-Preis, dem Thomas-Mann-Preis und dem Uwe-Johnson-Preis, ausgezeichnet. Sie verstarb am 1. Dezember 2011 in Berlin.

Gerhard Wolf, geboren 1928 in Bad Frankenhausen, lebt in Berlin. Für sein Wirken als Schriftsteller und Verleger wurde er unter anderem mit dem Heinrich-Mann-Preis und der Rahel-Varnhagen-von-Ense-Medaille des Landes Berlin ausgezeichnet.

Thomas Grimm, geboren 1954 in Aue, ist Filmemacher und Publizist. Bereits 1987 begann er, Zeitzeugen-Interviews, insbesondere von DDR-Persönlichkeiten, aufzuzeichnen, und gründete die Film- und Fernsehproduktionsfirma Zeitzeugen TV, die er bis heute leitet.

Christa Wolf
Umbrüche und Wendezeiten

Herausgegeben von Thomas Grimm
unter Mitarbeit von Gerhard Wolf

Suhrkamp

Erste Auflage 2019
Originalausgabe
suhrkamp taschenbuch 4962
© Suhrkamp Verlag Berlin 2019
Suhrkamp Taschenbuch Verlag
Umschlagabbildung: Hubert Link
Umschlaggestaltung: Rothfos & Gabler, Hamburg
Druck und Bindung: CPI – Ebner & Spiegel, Ulm
Printed in Germany
ISBN 978-3-518-46962-0

Inhalt

Vorwort der Herausgeber

Im Mai 2008 hat der Herausgeber für Zeitzeugen TV längere Interviews mit Christa Wolf im Beisein ihres Mannes Gerhard Wolf in deren gemeinsamer Wohnung am Amalienpark in Pankow geführt.

Im Mittelpunkt dieser Gespräche standen die Arbeitsweise der Autorin und die Frage, welche Rolle persönliche Aufzeichnungen und Korrespondenzen darin spielen. Über das Thema des Biografischen im Werk von Christa Wolf hinaus sind Rückblicke und Erinnerungen insbesondere zur Zeit der friedlichen Revolution, zum Mauerfall und der anschließenden Wende dokumentiert. Der Herausgeber hat gemeinsam mit Gerhard Wolf die Gespräche aufbereitet und um Reden, Aufrufe und Artikel von Christa Wolf aus den Jahren 1989/90 erweitert. So ist ein authentischer, aber auch sehr persönlicher Bericht der Autorin über ihre Hoffnungen und Enttäuschungen in der Zeit der Wende entstanden.

Bei der Vorbereitung der Gespräche unterstützte den Herausgeber Geesa Tuch, und Gabriele Funke ist eine geradezu perfekte Transkription des umfangreichen Videomaterials zu verdanken.

Thomas Grimm und Gerhard Wolf, Juli 2019

Christa Wolfs Schaffensprozess

Über das Tagebuchschreiben

Das Tagebuchschreiben, das gehört zu Ihnen wie das Kaffeetrinken.

CW Ja, wobei ich sagen muss, dass meine Eintragungen inzwischen nicht mehr ganz so dicht und umfangreich sind. Eine Zeit lang habe ich intensiver und mehr geschrieben. Das hing damit zusammen, dass ich mich in einem Prozess befand, der der Klärung bedurfte, der Selbstaufklärung brauchte, ehe ich darüber zum Veröffentlichen schreiben konnte. Das Tagebuch ist *das* Medium, welches sich dafür zwangsläufig anbietet. Ich weiß, viele Autoren schreiben überhaupt kein Tagebuch. Das ist eine andere Art zu leben. Aber bei mir war das schon früh sehr wichtig. Deshalb ist dieses Tagebuch, das dann später als Buch erschien – *Ein Tag im Jahr* –, in dem seit 1960 ein Tag, der 27. September, protokolliert wird, mir sehr gemäß.[1] Am Anfang habe ich nicht daran gedacht, das zu veröffentlichen. Ich habe einfach jeden Tag so genau wie möglich protokolliert, egal was kommt. Und das nicht etwa aus dem inneren Zwang heraus: Das musst du unbedingt festhalten oder du musst versuchen, dir darüber im Tagebuch Klarheit zu verschaffen oder auch Erleichterung. *Das ist natürlich auch eine Therapie.*

Haben Sie sich mit der Form des Tagebuchs beschäftigt? Hat sich diese mit der Zeit verändert? Manche schreiben

11

ja Tagebuch, um einfach für sich eine Chronologie zu bewahren oder um innere Prozesse besser zu verstehen.

CW Chronologien gibt es zusätzlich zum Tagebuch. Ich führe zwei Kalender jedes Jahr mit ziemlich genauen Eintragungen. Einen kleinen, den jeder braucht, wo er Termine einträgt, die anstehen. Also zum Beispiel Dienstag/Mittwoch kommt Thomas Grimm mit Team, steht dann drin, und je nachdem, was in der Woche sonst noch ist, Arzttermine oder was immer. Das ist das eine. Der zweite Kalender ist ein großer, viel umfangreicher. Hier hat jede Seite mehr Platz und da wird dann eingetragen, was wirklich geschehen ist: ob nun Thomas Grimm wirklich kam oder irgendein anderer Termin, zum Beispiel eine Veranstaltung, stattfand. In Stichworten wird festgehalten, worüber gesprochen oder ein Vertrag abgeschlossen wurde. Ich schreibe sogar jeden Tag auf, was es zu essen gab. Wirklich. Ich bin ganz unglücklich, wenn ich es manchmal vergesse und mich nicht mehr daran erinnere. Und das Wetter trage ich oben drüber ein.

Wenn es eine Veranstaltung war, stehen zum Beispiel auch, soweit ich mich erinnere, die Namen der Teilnehmer dort. Das finde ich ganz gut. Ich mache das, weil ich die Erfahrung gemacht habe, dass man vieles vergisst. Es kommt bei uns, wo wir nun alt sind, ja doch verhältnismäßig oft vor, dass jemand wissen will, was wann wo war. So können wir nachgucken. Mein Mann hat sich die Arbeit gemacht, aufgrund dieser Kalender eine richtige Chronologie anzulegen, wann wir wo waren, auch gereist sind.

GW Unsere Auslandsreisen, unser Treffen mit dem und dem … Man weiß es oft einfach nicht mehr: War das in *dem* Jahr in Moskau? War ich in dem Jahr dort? Wer war noch dabei? Mit wem hat man Silvester gefeiert? Wo fand diese Veranstaltung statt? Eine Chronologie hilft, über den Ablauf seines eigenen Lebens unterrichtet zu sein.

CW Wenn er etwas nicht weiß, da wird er ganz nervös. Mir ist das nicht so wichtig. Na ja, gut, entweder war es 1977 oder 1978, aber er muss das ganz genau wissen. Darum hat er diese Chronologie. Gerhard selbst schreibt kein Tagebuch. Er hat es ja nicht nötig, er sagt, ich mache das. Natürlich hat er auch einen Kalender, wo er seine Termine einträgt. Manchmal müssen wir eine Abgleichung machen. Dann sitzen wir am Küchentisch und vergleichen unsere Kalender, wer wann welchen Termin hat, wer wann wo ist und ob wir beide zur selben Zeit weg sind.

Haben Sie sich auch in theoretischer Hinsicht mit Tagebüchern beschäftigt, zum Beispiel Abhandlungen darüber gelesen?

CW Es gibt nur einen ganz kleinen Essay von mir über das Tagebuchschreiben, »Tagebuch – Arbeitsmittel und Gedächtnis«.[2] Das ist ein sehr früher Text, 1960er-Jahre, über das Tagebuch eines jüdischen Jungen, Dawid Rubinowicz, das man wiedergefunden hatte. Er ist ermordet worden, aber das Tagebuch ist dageblieben. Das war der Anlass für diesen Essay. Ich lese auch gerne Tagebücher, zum Beispiel die von Virginia Woolf. Ein wirkliches Erlebnis sind die Tagebücher von Thomas Mann. Diese Reihen von Tagebuchbänden! Man hat ihn dafür zum Teil verspottet, weil da auch banale Dinge drinstehen würden. Doch mich interessiert das!

Inge Jens hat mir erzählt, dass man aus diesen Tagebüchern überraschende, sehr sensible Dinge erfahren kann. Als Klaus Mann sich das Leben in Italien nahm, da waren die Manns auf einer Reise in Schweden, und da notiert Thomas Mann in sein Tagebuch lapidar, dass sich seine Frau entschieden hat, dazubleiben und nicht zur Beerdigung ihres Sohnes zu fahren.

CW Und dann folgt sogar noch der Satz: »… was Klaus meiner Frau angetan hat damit.« Da muss man nun fragen: Ja, hat er *dir* denn gar nichts mit dem Suizid angetan? Das sind solch verräterische Stellen. Davon gibt es ja einige, neben dem vielen, vielen Alltäglichen.

Könnte man sagen, dass ein intensives Tagebuchschreiben im Grunde später die Memoiren, die Autobiografien überflüssig macht?

CW Es kommt darauf an. Wenn zum Beispiel jemand auf die Idee kommt, über sich selbst etwas zu veröffentlichen – manche machen das ja schon mit sechzig und früher –, dann muss er seine Autobiografie schreiben. Wenn aber jemand Tagebuch schreibt und es *nicht* an die Öffentlichkeit bringen will, er aber dabei im Hinterkopf hätte, dass es vielleicht doch veröffentlicht werden könnte, dann würde das Tagebuchschreiben in der Form gar nicht mehr funktionieren. Meine Tagebücher, die schon in der Akademie der Künste sind, sind für Jahre gesperrt, für zehn oder fünfzehn Jahre, weil ich die wirklich nicht für die Öffentlichkeit schreibe und nicht will, dass das andere lesen werden. Es würde mich auch hemmen beim Tagebuchschreiben. Aber wenn man nun etwas veröffentlichen will, dann muss man eine Autobiografie schreiben, im Wissen, wie sehr man sich damit aufs Glatteis begibt und wie sehr man sich und manch anderen täuschen kann.

Dann dürfte man eigentlich Tagebücher gar nicht an jemanden außerhalb der Familie geben, wenn man nicht für die Öffentlichkeit schreibt, sondern nur privat.

CW Ich finde, das dürfte man eigentlich nicht. Nun bin ich lange genug in diesem Geschäft, um mitzuerleben, dass Tagebücher irgendwann – wie im Falle Thomas Manns, der sie, glaube ich, sogar für fünfzehn oder zwanzig Jahre gesperrt hatte – eben doch herausgegeben werden. Und das zu einer Zeit, in der von der Familie noch viele leben, was Thomas Mann wahrscheinlich nicht vorausgesehen hat. Ich nehme an, dass er zum Beispiel nicht wollte, dass seine Frau den Eintrag über den Selbstmord von Klaus sieht. Eigentlich haben Sie recht: Das Tagebuch sollte innerhalb der Familie bleiben.

GW Nehmen wir Ingeborg Bachmann. Man weiß bisher nichts über ihre wirklichen Beziehungen zu Paul Celan, was aber vermutlich in ihren Tagebüchern steht.[3] Die sind gesperrt, ich weiß nicht, für wie viele Jahre. Wobei, Martin Walser oder Peter Rühmkorf veröffentlichen jetzt schon ihre Tagebücher. Inwieweit die ganz authentisch sind, ob da etwas wegfällt, weiß man nicht, was aber nichts bedeutet. Die Tagebücher von Rühmkorf heißen *Tabu I* und *Tabu II*. Und Max Frisch hat das Tagebuch als Mittel des Literarischen benutzt.

CW Er hat das Tagebuch als literarische Form und Gestalt von vornherein zur Veröffentlichung bestimmt, ganz bewusst, wo er auch bestimmte Dinge, Probleme seines Alterns zum Beispiel, ausführlich darstellt. Heiner Müller hingegen hat überhaupt nicht Tagebuch geführt, soviel ich weiß. Bei Grass bin ich nicht sicher. Es gibt einige, die ganz absichtlich kein Tagebuch führen, es auch nicht brauchen, es auch nicht wollen, und die zum Teil, wie Heiner Müller, auch nicht viele Briefe geschrieben und beantwortet haben. Das ist eine Einstellung, die sich nur auf das Werk konzentriert.

Tagebücher kann man, das haben Sie gesagt, einerseits als eine Form literarischer Darstellung benutzen, andererseits werden sie aber auch geführt, um dem Verfasser einen Platz in der Geschichte zu sichern. Ich denke dabei an die Goebbels-Tagebücher, die immer wieder als »Quelle« herangezogen werden, wenn sich Autoren mit der Führungsspitze des »Dritten Reiches« beschäftigen. Man benutzt sie, obwohl man weiß, dass Goebbels die hand- und maschinenschriftlich verfassten Tagebücher auf Glasplatten übertragen ließ, um sie für die Nachwelt zu sichern. Er hat das Tagebuch bewusst instrumentalisiert, Propaganda für die Nachwelt betrieben. Das ist dann kritisch zu hinterfragen, inwieweit solche Tagebücher als authentisch gelten dürfen.

CW Ja, klar, die Sache ist heikel, besonders im vorigen Jahrhundert.

GW Ein ganz eklatantes Beispiel für eine Veränderung der Tagebücher für die Publikation sind die Tagebücher Brigitte Reimanns, deren Originale sich von der Veröffentlichung deutlich unterscheiden. Da hat man den Nachlass gekürzt für die Publikation. Insgesamt ist sie in ihren Tagebüchern offener und aggressiver in ihrer politischen Haltung, als sie es in ihren Romanen, auch im letzten, *Franziska Linkerhand*, ist. Man kann ihre Tagebücher als ihren wirklichen Roman betrachten.

CW Brigitte Reimann ist eine typische Tagebuchschreiberin. Maxie Wander übrigens auch. Bei Frauen ist dieser Erguss ins Tagebuch anscheinend noch ausgeprägter, dieses Brauchen des Tagebuchs zur Selbstklärung. Beide kannte ich ja sehr nah: Maxie Wander und Brigitte Reimann.[4]

Ich bekomme in Briefen oftmals mitgeteilt – eigentlich fast nur von Frauen –, dass sie Tagebuch schreiben und wie wichtig ihnen das ist. Es gibt natürlich um uns herum lauter Menschen, die Tagebuch schreiben, zum Glück! Ich ermuntere ganz stark jüngere Leute dazu, wenn sie mich fragen: »Was soll ich denn machen? Ich weiß nicht, ob ich schreiben soll.« Dann sage ich immer: »Schreib doch wenigstens Tagebuch.« Das ist so wichtig.

GW Im Gegensatz zum Tagebuchschreiben spielt der Briefwechsel heute eine immer geringere Rolle. Richtige lange Briefwechsel mit einem Briefpartner sind aus der Mode, schon wegen des Internets. Aus der Zeit der Romantik sind umfangreiche Briefwechsel erhalten, die später große Zeitdokumente wurden. Das Tagebuch wird diese Brieflücke zukünftig ausfüllen müssen.

Das Briefeschreiben und die Frage der Selbstzensur

Haben Sie sich selbst zensiert in Ihren Briefen?

GW Das sind Ausnahmen. Das lag zum Teil auch daran, dass nicht mehr so vertraute Leute da waren. Man hat sich nicht mehr geschrieben. Es hatte auch andere Gründe, weil man wusste, es wird mitgelesen. Es gab ja eine ganze Stelle bei der Staatssicherheit, die damit beschäftigt war, die Post zu lesen. Wobei das Lustige ist: Die konnten Briefe nicht öffnen, wenn man sie mit Tesafilm zugeklebt hatte. Schon beim zaghaftesten Versuch wären sie kaputtgegangen. Das wussten wir damals leider nicht. Man selbst hat das ja nur gemacht, damit das Kuvert geschlossen bleibt. Später hat man diese Briefe dann wiedergefunden in den Akten, und die waren noch immer zugeklebt, fest verschlossen.

CW Da muss ich jetzt mal nachdenken. Wir haben uns manchmal in Briefen spöttisch geäußert, manchmal auch druntergeschrieben: Und das nun für den Mitleser Sowieso … Es war natürlich auch etwas spielerisch. Man wusste ja nicht genau: Wird es nun gelesen? Manchmal konnte man es doch erkennen, wenn die Post so gewellt und verschlossen ankam.

GW Genau wie mit dem Abhören. Man hatte ja immer den Verdacht, dass man abgehört wird, und sagte manches nicht oder umschrieb es. Dass es *wirklich* so war in dieser Vollständigkeit, wie ich es dann später in den Akten las, ist natürlich absurd. Dass die uns fortlaufend ab 1969 abgehört haben! Alles wurde gesammelt und dann ein Wochenbericht geschrieben, in dem dann mancher Unsinn stand, weil der Bearbeiter weder Namen noch Inhalte richtig verstanden hatte.

CW Aber ich denke noch über Ihre Frage nach, ob man sich in Briefen zensiert hat. Ich muss jetzt direkt versuchen, Beispiele zu finden. Es kann durchaus sein. Von den letzten Jahren der DDR sind nicht mehr so ausführliche Briefwechsel da, weil ein Teil meiner Briefpartner nicht mehr da war. Sarah Kirsch war im Westen, Brigitte Reimann und Maxie Wander gestorben.[5] Ja, wir hatten viele Verluste. Ich weiß es nicht genau, aber ich würde schon annehmen, dass ich in meinen Briefen nicht mehr ganz so offen war und nicht mehr zu allem meine Meinung »rausgeplauzt« habe.

Von Franz Fühmann hatte man den Eindruck, dass er in seinen Briefen diese »Un-Vorsicht« bewusst einkalkulierte.

CW Ja, bei Fühmann war es so, von meiner Seite eigentlich auch. Nur hatte Fühmann gezielt diese Absicht. Der *wollte*, dass Mithörer oder Mitleser das wissen. Er hat ganz offene Worte an die Obrigkeit gerichtet, die sind zum Teil auch in unserem Briefwechsel enthalten.[6] Die Eingaben und Briefe, die er nach oben geschrieben hat, ließen ja an Deutlichkeit nichts zu wünschen übrig.

Zwischen Mythos und Realität: »Kassandra« und »Medea«

Sie sind in gewisser Weise autobiografisch und biografisch unglaublich gut aufgestellt. Ihre Tagebücher, ein umfangreicher Briefwechsel, und dann gibt es ja noch eine riesige Sicherheitsakte der Stasi, also einen Dritten, der alles zusätzlich aus seiner Sicht mitprotokolliert hat. Das ist doch ziemlich selten, dass ein Leben in so einer Fülle dokumentiert wurde. Fühlen sie sich manchmal wie ein gläserner Mensch?

CW Vermutlich ja, wenn das mal jemand später richtig ausführlich recherchiert. Ich hoffe, dass wichtigste Dinge trotzdem nicht darinstehen oder daraus zu lesen sind oder auch »rausgeplauzt« wurden. Ich glaube, dass das letzte Geheimnis zum Glück unausgesprochen bleibt. Oder es ist literarisch in einer anderen Form verarbeitet, in einer Form, die nicht unbedingt in Worten ausgesprochen wird. Ich nenne das »subjektive Authentizität«, wo Spielraum ist für Mythisches und Reales.

Deshalb ist mir immer ein bisschen unwohl dabei, wenn Germanisten anfangen, in den Texten herumzupulen und versuchen, aus Figuren eins zu eins irgendwelche Geheimnisse oder Autobiografisches herauszuholen: »Die Kassandra sind doch Sie« oder »*Medea*, was ist da von Ihnen drin?«. Ja, meine Lieben, wenn ich das so ausdrücken wollte, dann brauchte ich mir wirklich nicht die Mühe zu machen, das in eine literarische Form zu bringen, die das natürlich zum Glück sehr verändert und mir ganz viele Dinge auferlegt, die dann eine Figur zu einer Fremden machen. Darum geht es ja: die literarische Figur so herauszuarbeiten, dass ich sie anschauen kann, kritisch, beifällig, mitfühlend oder eben sehr Abstand nehmend. Vieles wird selbst in wohlwollenden Kritiken oft überinterpretiert, gerade im Sinne des Autobiografischen.

GW Bei *Medea* wurden Kolchis und Korinth verglichen: Kolchis – Osten, Korinth – Westen. Oder es wurde die Frage gestellt: »Soll das der Honecker sein? Und soll das der … sein?« Da geht es ins Absurde. Natürlich sind da Dinge, auf die man anspielt, weil man diese großen Figuren aus der Antike als Muster nehmen kann. Aber das hat mit Deckungsgleichheit nur wenig zu tun.

CW Man kann natürlich sagen, meine Figuren hatten nicht diesen und jenen Charakter, wenn ich nicht diese und jene Leute kennen würde, wenn ich nicht gewisse Strukturen miterlebt hätte oder in diese eingebunden gewesen wäre. Dann könnten diese Figuren gar nicht so sein. Aber sie *sind* eben nicht mit Personen aus meinem Leben identisch, es ist nicht *der* gleich *dem*! Das ist doch unter anderem das Interessante an Literatur. Ich kann mir aber denken, dass es für einen Außenstehenden schwer ist, das zu verstehen.

GW Ich würde dazu sagen, dass *Kassandra* und *Medea* sich unterscheiden von dem, was man einen historischen Roman nennt. Das sind beide Werke wirklich nicht. Es ist natürlich etwas anderes, wenn man zum Beispiel das Drehbuch für Feuchtwangers *Goya* schreibt für die Verfilmung von Konrad Wolf. Da muss man historische Konstellationen herausarbeiten, die man ins Filmische übertragen kann. Da geht es durchaus um historische Genauigkeiten und Einzelheiten für ein Zeitgemälde. Christas Texte, die den Mythos in die Literatur bringen, kann man meiner Meinung nach nicht als historische Romane sehen.

CW Also ich bin immer ganz – wie soll ich das nennen? – neidvoll-fassungslos, wenn ich lese: ein neuer Roman von der Autorin ..., ihr dreiundzwanzigster Roman. Wie machen die das nur? Aber das sind natürlich Romane, die sie sich ausdenken. Da sind die Autorinnen gar nicht mit drin, sie können das einfach routiniert herunterschreiben. Meine Art zu schreiben ist völlig anders. Neunzig Prozent der literarischen Werke sind nur entstanden, indem vielleicht ein guter Schreiber – oder eine Schreiberin – sich einen Stoff vornimmt, sei es ein Krimi, sei es ein historischer oder ein Gegenwartsstoff, und schreibt, was ihm da einfällt. Der Autor selbst ist gar nicht involviert, stellt sich nur die Frage: Schaffe ich das, den Stoff so rüberzubringen, dass andere auch Interesse daran haben? Bei mir ist das ganz anders.

Sie bestätigen damit indirekt, dass in Ihrem Schreiben immer auch ein Stück Ihrer Lebens- und Gesellschaftsbewältigung steckt.

CW Absolut. Vor allen Dingen steckt immer ein Stück der Selbstauseinandersetzung drin. Natürlich habe ich *Kassandra* nicht zufällig zu einem bestimmten Zeitpunkt geschrieben und ihr diese Biografie gegeben. Andererseits war ich letzten Endes auch froh darüber, dass der Mythos, die Geschichte mir Eckpunkte vorgaben, an denen ich nicht rütteln konnte. Ich konnte sie nicht am Ende weiterleben lassen. Der Mythos hatte es vorgegeben: Sie stirbt in Mykene. Der Trojanische Krieg, die Geschwister, es ist alles im Mythos aufbereitet. Natürlich konnte ich mir jetzt ausdenken, wie es in Wirklichkeit gewesen ist, aber bestimmte äußere Haltepunkte – das ist für mich wichtig – erfinde ich nicht so gerne. Also bin ich froh, wenn im Mythos Haltepunkte sind.

Bei Medea *haben Sie die Vorlage von Euripides verändert. Sie sind von der Vorlage der Tragödie, der mythischen Überlieferung aus vorpatriarchalischer Zeit ausgegangen. In dieser Zeit war es ein Tabu, Kinder zu töten. Medea konnte ihre Kinder nicht umbringen, das war in der matriarchalischen Kultur ein Tabu.*

CW Ich war natürlich heilfroh, als dann eine wissenschaftliche Bestätigung kam von einer Historikerin und Archäologin in Basel, die den Medea-Sarkophag betreute und das selbstverständlich schon herausgefunden hatte. Sie kannte alle Quellen und stellte fest, dass Medea tatsächlich nicht als Kindsmörderin, sondern als eine Heilerin überliefert ist. Medea heißt ja »die guten Rat Wissende«. Sie hätte nie ihre Kinder umgebracht. Ich hätte sie in meiner Geschichte nicht sterben lassen, auch wenn ich diese Bestätigung nicht gefunden hätte, aber sie zu haben, das war schon nicht schlecht.

Was fasziniert denn an Kindsmörderinnen?

GW Eigentlich ist die Figur von Euripides nicht zu übertreffen in diesem Furor. Sie vergiftet ja auch noch die Nebenbuhlerin, macht Tabula rasa.

CW Sie ist natürlich eine tolle Figur aus dieser Zeit heraus. Die wilde Frau, die durch die Jahrhunderte geht. Es ist natürlich eine typische Erfindung des Patriarchats. Diese Figur wird gebraucht in der Männerwelt. Mir war natürlich völlig klar, dass Euripides' Figur nicht zu übertreffen ist, dass meine Medea nicht im Wettbewerb mit seiner stehen kann. Andererseits konnte ich darauf hinweisen, wie ein so überlagerter Mythos der Figur entsteht. Ich konnte zeigen, wie das Patriarchat so etwas für sich ummünzt, umdreht und eine Figur schafft, deren Deutung als völlig selbstverständlich gilt und ohne hinterfragt zu werden über Jahrhunderte überliefert wird. Das ist sehr interessant, dieser Übergang vom Matriarchat zum Patriarchat, wo die ganze Götterwelt umgestürzt und neu formiert wird, wo aus den matriarchalischen Göttinnen die männliche Götterwelt wird.

Ermöglicht ein Stoff wie der Ihrer Erzählung Kassandra *Bezüge auf die Herrschaftsstruktur in der DDR, wo das Politbüro fast nur aus Männern bestand? Die sozialistische Gesellschaft hatte sich die Gleichberechtigung auf ihre Fahnen geschrieben, und die Rechte der Frauen waren in Gesetzen verankert. Letztendlich war aber auch diese Gesellschaft gelenkt und geleitet durch Männer.*

CW Das wäre eigentlich ein eigenes Thema, über das man noch mal neu nachdenken müsste. Als nun mal Mitlebende meiner Generation würde ich sagen, war dieser Anspruch der Gleichberechtigung wahrscheinlich auch ernst gemeint. Und vom Recht auf Schwangerschaftsabbruch bis zum Recht auf einen Kindergartenplatz wurde einiges erreicht. Aber wenn man sich in verschiedenen Gremien umsah und sobald man über die mittlere Stufe hinausging, fragte man sich: Wo war denn die Frau nun? Ich habe es öfter erlebt, dass es dann hieß: »Ja, das geht doch nicht. Wir müssen auch noch eine Frau haben.« Oft war ich diejenige, die gerade am nächsten herumstand und in solche Gremien gewählt wurde. Danach waren die Männer ganz bass erstaunt, wenn ich anfing, meine eigene Meinung zu sagen und versuchte, andere Frauen nachzuholen. Das war eine merkwürdige Zeit, geprägt von einer zwiespältigen Art, damit umzugehen, mit dieser Gleichberechtigung. Das Thema Gleichberechtigung hat mich besonders bei der Arbeit an *Kassandra* unglaublich fasziniert. Es war übrigens gut, in der DDR so einen mythischen Stoff zu haben, der ablenkte von dem, was mich täglich in irgendeiner Form bewegte. Das ermöglichte eine dauernde und tiefe Auseinandersetzung mit kultureller Geschichte, nicht nur mit dem Gezänk oder dem, was sich sonst so in der DDR abspielte. Man wurde damit an die Wurzeln unserer Kultur geführt und musste sich fragen: Wie ist das alles so gewachsen? Wieso ist das so zustande gekommen und nicht anders? Da war es ein großer Glücksgriff, dass ich diesen Stoff in der Hand hatte.

Der Unterschied zwischen dem Tagebuch- und dem Briefeschreiben

Um auf das autobiografische Schreiben zurückzukommen: Was ist denn der Unterschied für Sie zwischen dem Tagebuch- und dem Briefeschreiben? Wissen Sie immer genau: Das gehört ins Tagebuch und das schreibe ich in die Briefe?

CW Wissen Sie, das ergibt sich unbewusst, fast hätte ich gesagt automatisch. Beim Tagebuchschreiben erlege ich mir möglichst überhaupt keine Schranken auf. Gut, das stimmt nicht ganz, aber fast. Beim Briefeschreiben, da richte ich mich nach dem Partner, dem ich den Brief zugedacht habe. Daher sind die Briefe sehr unterschiedlich, je nachdem, ob ich an eine enge Freundin schreibe, mit der ich mich auch mal lustig anpöbele, oder ob ich zum Beispiel einem Leser antworte oder einer Leserin, die mir ihr Leben geschildert hat und darauf eine Antwort erwartet. Diese Briefe können dann schon fast ein bisschen therapeutisch ausfallen.

Briefe sind dirigiert durch die Empfänger, durch die Themen, die sie beschrieben haben, und meistens geht es in den Antworten genau darum. Die sind natürlich nicht oder in den seltensten Fällen so intim, wie etwa ein Tagebuch es sein sollte. Das ist ein großer Unterschied.

Wo hören Sie denn beim Tagebuchschreiben auf, wann sagen Sie sich: So intensiv falle ich über jemanden doch nicht her, obwohl er mich heute zur Weißglut gebracht hat?

CW Wissen Sie, es gibt – ich könnte sie nennen, will es jetzt aber nicht – einige Personen, die wir über Jahre kannten und die ich in dieser Zeit zu ergründen versuchte und immer wieder neu ansetzen musste: Heute habe ich dieses oder jenes mit ihm erlebt. Was ist eigentlich sein Antrieb? Wahrscheinlich ist es das und das. Dann, ein halbes Jahr oder Jahr später, habe ich wieder eine andere Facette dieser Person erlebt und versuche, das dazuzuschreiben. Da gehe ich dann so weit, wie ich kann. Die eigentlichen Schranken liegen bei meiner eigenen Intimität, die ich da einfach nicht durchbreche, es aber so weit wie möglich versuche. Was die intellektuelle

und gedankliche Auseinandersetzung betrifft, da erlege ich
mir keine Beschränkung auf.

*Also wird zwischen dem individuellen Lebensbereich und
den gesellschaftlichen Beobachtungen nicht getrennt?
Das fließt beides in Ihr Tagebuch ein?*

CW Ja, es überschneidet sich im Tagebuch. Aber natürlich
bezieht sich im Tagebuch vieles auf die Kinder, auf ihre Entwicklung und auf *ihre* Konflikte, und auf die Gefühle und
Beobachtungen, die ich oder wir mit ihnen machen. Das ist
ja ein großer Reichtum, wenn in der Familie Kinder auf-
wachsen und die wieder Kinder haben. Das ist ein großer
Teil im Tagebuch.

*Schreiben Sie immer in der Ich-Form im Tagebuch? In li-
terarischen Texten haben Sie ja auch andere Erzählpers-
pektiven ausprobiert.*

CW Doch, das eigentliche Tagebuch schreibe ich immer in
der Ich-Form. Wissen Sie, es ist merkwürdig und ich weiß gar
nicht, ob ich das so richtig erklären kann: Bei *Kindheitsmuster* habe ich lange gebraucht, um mir darüber klar zu werden,
ob ich das in der Ich-Form oder in der dritten Person schreiben soll. Ich habe viele Anfänge, manche schon ziemlich lang,
sechzig Seiten oder so, in der dritten Person geschrieben, und
dann kehrte ich wieder zur ersten zurück. Bei *Kassandra*
übrigens auch. Das hatte ich zunächst in der dritten Person
geschrieben, bis ich dann auf diesen Monolog kam, der in
der ersten Person ist und Kassandras Leben erzählt. Etwas
anderes war es dann bei *Sommerstück*, wo es letzten Endes
doch auf die dritte Person hinauslief. Hier habe ich eine Per-

son erfunden, einen Namen dazu, und nicht eine Figur aus einem Mythos genommen. Es fließt natürlich immer sehr viel Erfindung mit ein, das ist klar. Aber alles zu erfinden, das ist eigentlich nicht meine Art.

Aus persönlicher Erfahrung weiß ich, was Tagebücher bei ihren Lesern auslösen können. In der DDR sind die Kriegstagebücher von Konstantin Simonow erschienen, die habe ich meinem ehemaligen Schwiegervater, der im Zweiten Weltkrieg ein Bein verloren hat, damals zu Weihnachten geschenkt. Ein paar Tage später rief er mich an und hat am Telefon geweint. Er hatte zwar bereits Literatur über den Krieg gelesen, aber so etwas Intensives überhaupt noch nicht. Er war total beeindruckt. Dass ein Tagebuch so etwas auslösen kann, dass diese persönlichen Berichte und Zeugenschaften eine Verbindung zwischen vollkommen verschiedenen Menschen herstellen können, das ist beachtlich.

CW Mit Simonow hatten wir auch eine sehr interessante Begegnung, aber das würde jetzt zu weit führen. Es ist übrigens Simonow, der das Gedicht »Shdi menja, i ja wernus« geschrieben hat. »Wart auf mich, ich kehr zurück, aber warte sehr« – dieses berühmte Gedicht, das jeder Mensch in der Sowjetunion zu der Zeit kannte. Ein Soldat, der an die Front geht, hinterlässt seiner zurückbleibenden Frau oder Geliebten dieses »Shdi menja ...« Damit hat Simonow eine unglaubliche Wirkung erzielt.

Konstantin Simonow

Wart auf mich

Wart auf mich, ich kehr zurück,
aber warte sehr;
warte, wenn dein Herz bedrückt
Regen, trüb und schwer.
Wart, wenn Schnee fegt, wart auch dann,
wenn die Hitze plagt,
warte, wenn auf andre man
nicht mehr warten mag.
Warte, wenn du auch bekommst
keinen Brief von mir.
Warte, wenn schon niemand sonst
wartet außer dir.

Wart auf mich, ich kehr zurück,
glaube jenem nicht,
wer in diesem Augenblick
vom Vergessen spricht.
Mag für Mutter, für den Sohn
ich gestorben sein,
mögen alle Freunde schon
trinken herben Wein
auf der armen Seele Heil,
wie's dem Brauch entspricht
wart und habe keine Eil,
trink mit ihnen nicht.

Wart auf mich, ich kehr zurück,
trotzend Tod und Haß.

Sagen mag: »Der hatte Glück!«,
wer mich längst vergaß.
Das versteht der Kleinmut nicht,
daß in der Gefahr
rettete dein Warten mich,
das mit mir stets war.
Wissen werden nur wir zwei,
wie ich lebend blieb.
Niemand konnte eben treu
warten wie mein Lieb.

Das Leben vor 1989

Die Ausbürgerung Wolf Biermanns
und die Proteste

Der Widerstand gegen den Staat ging besonders von den Künstlerkreisen aus. 1976 wurde Wolf Biermann aus der DDR ausgebürgert. Diese Entscheidung führte zu großen Protestwellen in der DDR, an denen auch Sie maßgeblich beteiligt waren. Die Entscheidung für die Ausbürgerung soll Erich Honecker während einer Autofahrt von Wandlitz nach Berlin ganz spontan getroffen haben. Margot Honecker hat mir persönlich gesagt, dass sie ihren Mann davor gewarnt hat und gegen die Ausweisung war, aber Erich hätte es dann doch durchgesetzt.

GW Und wir haben immer gedacht, Erich Honecker ist vermutlich von einer Clique um Mielke überspielt worden. Honecker hat sich ja nie dazu bekannt, dass er das alleine war. Kurt Hager und andere Politbüromitglieder, die bekamen es erst hinterher auf den Tisch.

CW Ja, aber das war eigentlich nicht sehr wichtig. War mir scheißegal.

GW Aber ja, natürlich war das wichtig.

CW Ja, gut, weil Stephan Hermlin dann zu Honecker in dieser Sache gegangen ist.[7]

GW Das spielte später eine große Rolle.

Haben Sie den Biermann denn gut gekannt?

CW Wir haben ihn gekannt. Es ging nicht darum, dass jeder von diesen zehn oder zwölf Petitionsunterzeichnern so begeistert von Biermann war, dass wir den unbedingt wiederhaben wollten. Wir wussten schon, dass er ein wichtiger Liedermacher war in der DDR und dass man ihn in den letzten Jahren ziemlich kaltgestellt hatte. Ich weiß noch, es hat mich in der Magengrube getroffen, als diese Nachricht kam. Aber da ging es doch darum: Die DDR bedient sich jetzt solcher Mittel, die die Nationalsozialisten angewendet haben. Da waren Heym und Hermlin natürlich besonders betroffen. Die DDR bürgert Leute aus, noch dazu jemanden, der einen jüdischen Vater hat, der im KZ umgebracht wurde. Da brach alles zusammen. Wenn wir da nicht protestiert hätten, hätten wir uns selbst gar nicht mehr angucken können.

Ich weiß noch, ich kam vom Einkaufen, war mit Taschen beladen, und da hörte ich diese Nachricht im Radio, saß plötzlich mit meinen Taschen völlig erschlagen im Wohnzimmer auf dem Stuhl. Hermlin rief umgehend an und sagte: »Kommt bitte morgen um zehn.« – »Ja.« Wir wussten sofort, warum. Aber dass die Ausbürgerung und unser Protest diese Auswirkungen haben würden, also was sich da in Bewegung setzte, dass das so weitreichende Folgen haben würde, das haben wir nicht erwartet. Wir wurden ja nicht so hart bestraft wie die armen Studenten in Jena, die wir erst später kennenlernten, sozusagen die unbekannten Protestler, die sie schnappen konnten und zum Teil eingesperrt und drangsaliert haben.[8] In unseren Kreisen waren es Parteistrafen, aber die konnte man überstehen. Schlimmer war, was darauf folgte, dass viele ihre Existenz bedroht sahen.

Thomas Brasch und Erich Honecker

GW Einer von diesen gegängelten Leuten war Thomas Brasch, der öfter in unserer Küche saß. Geboren wurde er in England und ist in einer jüdischen kommunistischen Familie aufgewachsen. Sein Buch *Vor den Vätern sterben die Söhne* hat er zur Zeit der Biermann-Affäre geschrieben, und das durfte in der DDR nicht erscheinen. Er sagte: »Ich will kein zweiter Biermann werden. Mein Buch kommt jetzt drüben raus, bei Rotbuch.« Zu meiner Verwunderung erzählte er uns im privaten Kreis später von einem Besuch bei Honecker, zu dem er ein seltsames Verhältnis hatte. Dabei soll der Satz gefallen sein: »Na, dass wir noch keine richtige menschenwürdige Gesellschaft sind, das weiß ich auch.«

CW Das hatte angeblich Honecker gesagt.

GW Ja, das hatte Honecker gesagt. Brasch kommentierte dazu: »Das sagt ein Staatsmann natürlich nie öffentlich, aber dass er das überhaupt äußert!« Honecker kannte Thomas von klein auf, da sein Vater nach der Rückkehr aus dem englischen Exil mit Honecker zusammen die FDJ aufbaute.

CW Braschs Vater konnte ja 1939 noch rechtzeitig mit einem jüdischen Kindertransport von Deutschland nach England ausreisen.

GW Als Thomas 1968 wegen seines Protestes gegen den Einmarsch der Sowjetarmee in Prag zu einer Gefängnisstrafe verurteilt wurde, gemeinsam mit anderen, die ebenfalls aus verfolgten kommunistischen Familien stammten, soll nach seiner Darstellung Erich Honecker gesagt haben: »Wir lassen doch unsere Kinder nicht länger im Kittchen.« Braschs Vater war aber ein absoluter Hardliner und soll darauf bestanden haben: »Die müssen verurteilt werden.« Honecker hat dann nach knapp achtzig Tagen die Anweisung gegeben, die jungen Leute freizulassen. Thomas hatte einen guten Draht zu Honecker und gab später gerne Dialoge zwischen ihnen zum Besten, zum Beispiel diese:

Erich: »Natürlich kannst du ›Du‹ zu mir sagen, hast noch auf meinem Knie gesessen. Weißt du nicht mehr, als wir damals rübergefahren sind nach West-Berlin und wir hatten Angst vor den Kontrollen? Da hast du aus dem Auto die Faust rausgestreckt beim amerikanischen Posten und gerufen: ›Ami, go home!‹ Da haben die Amis gelacht und wir sind durchgefahren.«

Erich: »Wie war die Zeit im Gefängnis, Thomas?« – Thomas: »Schlimm!« – Erich: »Wieso? Hat es reingeregnet?« – Thomas: »Nein.« – Erich: »Siehst du, das Dach habe ich nämlich noch selber mitgedeckt.«[9]

Solche Sachen hat er am laufenden Band erzählt, unter der Überschrift »Dialog zweier Knastbrüder« – die verrücktesten Geschichten. Der Konflikt mit Thomas' dogmatischem Vater dauerte bis zuletzt.

CW Thomas Braschs Brüder leben heute alle nicht mehr. Einer hat sich umgebracht, einer ist dem Alkohol verfallen und der Thomas hat sich selbst zerstört.

GW Ein Leben im großen Zwiespalt. Seine Gedichtbände sind großartig. Für mich ist der schönste *Wer durch mein Leben will, muss durch mein Zimmer.*

CW Thomas hatte wirklich ein unglaubliches Talent.

GW Durch diesen Zwiespalt, den er aushalten musste! Er war im Westen, aber er wollte sich nicht einkaufen lassen. Als er 1987 den Kleist-Preis bekommen hat und Christa die Preisrede hielt, protestierte Marcel Reich-Ranicki wie wild dagegen.[10] Man würde Brasch jetzt wieder für die DDR vereinnahmen. Thomas hat diesen Widerspruch anerkannt, ausgehalten. Aber wie lange reicht dafür die Kraft?

CW Wo man hingreift und hinschaut, überall diese Geschichten zerrissenen Lebens …

Christa und Gerhard Wolfs Besuche in der Sowjetunion

Zwischen deutschen und sowjetisch-russischen Schriftstellern gibt es schon lange eine traditionelle Verbunden-

heit. Die erste deutsche Schriftstellerdelegation nach dem Krieg – darunter Anna Seghers – reiste bereits 1948 nach Moskau. Auch Sie besuchten mehrfach die Sowjetunion bis in die 1980er-Jahre hinein. Was haben Sie von ihren Kollegen erfahren über die Auswirkungen der Politik Michail Gorbatschows, über Glasnost und Perestroika in der Sowjetunion?

CW Wir wussten gar nicht so wenig, weil wir in diesen Jahren noch eine Menge Beziehungen in die Sowjetunion und auch Freunde dort hatten.[11] Manche von ihnen lebten unterdessen schon in Deutschland oder kamen zu uns nach Ost-Berlin zu Besuch. Lew Kopelew war ein enger Freund von uns, der in den 1980er-Jahren mit seiner Frau Raissa, eine wunderbare Frau übrigens, aus der Sowjetunion ausgewiesen, ausgebürgert worden war.[12] Er lebte in Köln, wir haben ihn auch dort besucht, wenn wir ein Visum erhielten.

Schon zur Zeit der Regierung Chruschtschows, als an Gorbatschow noch gar nicht zu denken war, waren wir öfter in Moskau. Wir wurden eingeladen zu Kongressen und Veranstaltungen oder ich hatte eine Lesung oder es gab Besprechungen mit meinem Verlag.

Wir machten auch eine Art Urlaubs- und Bildungsreisen. Zum Beispiel nach Gagra oder in die Nähe von Petersburg, damals noch Leningrad, in ein Schriftstellerheim in Komarowo. Wir kannten das Land, wenn man das bei der Größe sagen kann, ganz gut und auch nicht wenige Leute. Lew Kopelew hatte uns bei unseren früheren Reisen Moskau gezeigt. Er hat uns in das »illegale Moskau« eingeführt, uns mitgenommen zum Maler Boris Birger. Nachdem uns Birger in seinem Atelier herumgeführt hatte, nahm Kopelew uns mit zu seiner Familie. Dort fand eine Zusammenkunft von Dissidenten aus Anlass der Freilassung von Pawel Litwinow, Kopelews Schwiegersohns, statt, der auf dem Roten Platz gegen den Einmarsch der Sowjetarmee 1968 in Prag mit protestiert hatte. Da hörten wir davon, dass er mit seiner Familie auswandern wollte. In Los Angeles, vor wenigen Jahren, habe ich Pawel Litwinow dann wiedergetroffen, in Santa Monica. Wirklich verrückt, nach so vielen Jahren. Da arbeitete er an der dortigen Universität und hielt Vorlesungen und Seminare über Mandelstam vor sechs, sieben interessierten Studenten. Natürlich hatten wir auch zu offiziellen Stellen Kontakt. Das waren aber zwei völlig getrennte Bereiche, die wir auch sorgfältig auseinanderhielten. Wir wussten ganz genau, wer von wem was wissen durfte, und wer nicht. Das ist in solchen Ländern ein sehr wichtiges und geheimes Wissen. Aber man lebte darin, das war einem nicht oder kaum bewusst. Es war klar, dass wir den Funktionären im Schriftstellerverband nichts über unser Zusammensein mit Kopelew erzählen konnten oder wollten. Manchmal gab es ganz eigenartige Begegnungen mit jungen Autoren, die immer mehr zu Dissidenten wurden wie Juri Trifonow, Wladimir Tendrjakow oder Daniil Granin. Wir trafen uns mit diesen jungen Autoren an vorher genau ausgesuchten Orten, wo sie mit uns ganz offen sprachen. Es waren Schriftsteller, deren Bücher zum Teil in der DDR gedruckt wurden, aber nicht in ihrem eigenen Land.

GW Manchmal gelangten die Manuskripte dieser Autoren in den Verlag Volk & Welt, vor allem durch Ralf Schröder, der als Lektor und Russischübersetzer mit diesen Schriftstellern sehr gut bekannt war. Damals hat er unheimlich viel für diese Dissidentenliteratur getan. Er wusste genau Bescheid, zu welchen Themen die Autoren, die er alle kannte und übersetzt hatte, im Augenblick arbeiteten. Wegen seiner Kontakte zur Staatssicherheit ist dieser Teil seines Wirkens aber heute kaum mehr bekannt.

CW Ein anderer Aspekt ist, wie uns die sowjetischen Freunde mit dem Problem der jüdischen Intelligenzija vertraut gemacht haben. Einer von ihnen war der Historiker A. S. Jerusalimski, der damals bedeutend älter war als ich und schon ziemlich krank. Jerusalimski hatte 1945 an der Potsdamer Konferenz in der Delegation von Stalin als Beobachter teilgenommen. Er war jüdischer Abstammung und befreundet mit dem deutschen Wirtschaftswissenschaftler Jürgen Kuczynski, der ebenfalls einen jüdischen Familienhintergrund hatte. Jerusalimski wollte, dass ich über die Verfolgung der Juden in der Sowjetunion Bescheid weiß und hat mir ganz bewusst von der Stalin-Zeit erzählt. Ich habe ihn später besucht, als ich in Moskau war, da war er schon im Krankenhaus. Wir sind im Park des Hospitals spazieren gegangen, wo er mir noch einmal eindringlich erzählte, was die Stalin-Zeit für ihn als Jude bedeutete, was damals geschehen ist und dass man das keinesfalls vergessen darf. Durch solche Begegnungen erhielt ich relativ schnell Kenntnisse von jüdischen Namen und konnte Personen zuordnen, die sich durch die vielen antijüdischen Kampagnen in der Sowjetzeit zu ihrem Jüdisch-Sein bedeckt hielten. So war es auch bei Jewgenija Kazewa, meiner Lektorin und Publizistin der russischen Übersetzungen meiner Bücher, mit der ich sehr eng befreundet war. Sie hatte auch *Kindheitsmuster* übersetzt, das Buch konnte aber erst nicht erscheinen, weil die Zensoren fanden, dass die sowjetischen Soldaten darin zu schlecht wegkommen. Erst unter Gorbatschow konnte es veröffentlicht werden. Eine merkwürdige Parallele dazu war die Veröffentlichung des Buches in den USA, wo man die Vietnam-Passagen ohne Rücksprache mit mir herausgestrichen hat. Ein andermal waren wir in Leningrad in besagtem Literatenheim in Komarowo fast ausschließlich mit sowjetischen Schriftstellern zusammen. Einer von ihnen war unter Stalin im Lager gewesen und erzählte uns davon. Da saßen wir mit ihm auf einer Treppe vor dem Heim und eine Dolmetscherin übersetzte uns alle Details. Andere wiederum haben uns berichtet, wie die Prozesse gegen die berühmte Dichterin Anna Achmatowa abgelaufen sind und wie man sie aus dem Schriftstellerverband ausschloss. Stalin hatte ihren Mann und ihren Sohn verhaften lassen. Der Sohn überlebte fünfzehn Jahre Lagerhaft, aber ihr Mann starb in der Verbannung. Sie ist übrigens ganz in der Nähe des Literatenheimes in Komarowo beerdigt. Wir sind öfter dorthin gegangen, es lagen immer frische Blumen auf ihrem Grabmal. Ich will damit nur sagen: Unser Kenntnisstand über die Verfolgung der Schriftsteller unter Stalin, der war ab Beginn der 1960er-Jahre ziemlich genau.

GW Die ersten Delegationen in den Fünfzigerjahren bekamen nur die offizielle Seite zu Gesicht, durch Kongresse oder geführte Besichtigungen in Betrieben und Kolchosen. Da lernte man die andere Seite noch gar nicht kennen. Wir waren damals auch in Tadschikistan und da traten plötzlich deutsche Mädchen auf aus wolgadeutschen Familien, die ein bisschen Deutsch sprachen. Da erfuhr man zum ersten Mal authentisch, wohin diese Menschen umgesiedelt worden waren. Die saßen jetzt in Tadschikistan und Usbekistan. Junge Leute, die bewusst das Deutsche pflegten. Was man vorher nur gerüchteweise kannte, die Zwangsumsiedlung der Wolgadeutschen, das erfuhr man hier hautnah.

CW Einmal waren wir in Gagra am Schwarzen Meer und lernten dort am Strand einen jungen, sehr jungen litauischen Autor kennen.[13] Von ihm erfuhren wir zu unserem Erstaunen, dass die Litauer sich von der Sowjetunion absolut vereinnahmt fühlten und dass sie von Moskau freikommen wollten. Solche Dinge, von denen offiziell keine Rede war, erfuhren wir einfach auf diese Art und Weise, sodass unser Bild von der Sowjetunion schon sehr differenziert war. Der junge Autor erzählte ein bisschen von einem Stück, an dem er damals arbeitete: *Jonas im Walfisch*. Er erzählte das mit so einem verschmitzten Lächeln und fragte uns, ob wir das verstehen würden. Nein. Er musste uns erst entschlüsseln, was er damit sagen wollte. Natürlich war Jonas Litauen und der Walfisch die Sowjetunion. Später haben wir den Schriftsteller dann auch besucht in Litauen. Da spürten wir sehr deutlich seine antisowjetische Haltung. Diese jungen Litauer fühlten sich vom Russischen unterdrückt und hatten einen erstaunlichen Unabhängigkeitswillen.

Der Zerfall der Sowjetunion und das Leben in der Übergangsgesellschaft

Litauen hatte im März 1990 verkündet, dass es nicht länger eine Sowjetrepublik sein würde. Das Parlament verabschiedete damals eine Unabhängigkeitserklärung und im September 1991 wurde Litauens staatliche Souveränität weltweit anerkannt. Der Zerfall der Sowjetunion kam unaufhaltsam in Gang und Gorbatschows Perestroika war in gewisser Weise der Katalysator. Konnten Sie sich die Auflösung der UdSSR vorstellen?

CW Wir haben uns nicht vorstellen können, dass dieses Riesenreich einmal zerfallen könnte. Ich habe vorhin diesen Rückblick gemacht, um anzudeuten, was ich für ein Bild von der Sowjetunion hatte. Als Gorbatschow 1985 nach dem kurz aufeinanderfolgenden Ableben mehrerer Generalsekretäre der KPdSU (Leonid Breshnew, Juri Andropow, Konstantin Tschernenko) an die Macht kam, muss ich ehrlich sagen, dass es bei mir ziemlich lange gedauert hat, ehe ich daran eine Hoffnung knüpfte. Viele haben, was ich auch gut verstand, gleich gesagt, dass das nun auch bei uns Auswirkungen haben wird. Glasnost und Perestroika würden auch in der DDR losgehen. Das war aber zunächst gar nicht der Fall. Uns ließ das Politbüro durch Kurt Hager 1987 in einem *Stern*-Interview wissen: »Würden Sie, wenn Ihr Nachbar seine Wohnung neu tapeziert, sich verpflichtet fühlen, Ihre Wohnung ebenfalls neu zu tapezieren?«[14] Nach dem Motto: Warum sollen wir uns da anschließen? Gut, also wir hatten ja schöne Tapeten, wir brauchten das nicht [lacht].

Im Herbst 1988 fand die DDR-Erstaufführung des Stücks *Übergangsgesellschaft* von Volker Braun im Maxim Gorki Theater statt. Kunst, Literatur und besonders Theater spielten ja eine große Rolle in dieser Zeit. *Übergangsgesellschaft* war ein Stück, in dem nach dem Muster von Tschechow die DDR-Gesellschaft sehr genau abgebildet wurde, vor allem die Stimmung, die Atmosphäre. Damals wurde die sowjetische Zeitschrift *Sputnik*, die auch die Reden Gorbatschows druckte, plötzlich verboten. Das hat natürlich die Leute, die sich daran orientierten, unheimlich erbost. Bei einer der Aufführungen von *Übergangsgesellschaft*, in der wir waren, kam an einer Stelle, wo es sich einbauen ließ, ein Schauspieler auf die Bühne und warf eine ganze Menge von diesen Zeitschriften auf die Bühne. Das Publikum raste vor Begeisterung. Von da an sind die Schauspieler auch in anderen Theatern, in Dresden und Leipzig, nach jeder Aufführung vor den Vorhang getreten und haben ihr Manifest verkündet. Da begann es: Man schöpfte Hoffnung, dass der Perestroika-Funke auch auf unser Land überspringen würde. Aber dass die Reformen Gorbatschows dazu führen könnten, dieses Riesenreich zum Einsturz zu bringen, daran hätte ich nie gedacht.

In jener Zeit sind Lesungen mit Ihnen in Veranstaltungen der DDR-Friedensbewegung integriert worden. Die sich formierende Opposition und alle mit dem System Unzufriedenen sammelten sich in besonderer Weise in den Freiräumen der Kirche. War das problematisch für Sie?

CW Die Kirche war schon früher ein Ort für kritische Stimmen. Ganz bestimmt nahm das zu in den Achtzigerjahren. Und ziemlich unverblümt wurde in privaten Kreisen diskutiert. Aber das müsstest du mal erzählen, Gerd.

Die Opposition und die Kommunalwahlen 1989 in der DDR

Künstler in der Opposition

GW Wir waren schon früh mehrmals zu Gast in der Evangelischen Akademie in Weißensee, da gab es keine Berührungsängste unsererseits. Eine Frau Adler kümmerte sich dort um das Programm. Sie lud westdeutsche Autoren ein, zum Beispiel Heinrich Böll. Der wiederum traf dort erstmals Günter de Bruyn, aber auch die nicht-gedruckten Autoren vom Prenzlauer Berg. Es fand auch ein Abend über Paul Celan statt; Erich Arendt trat auf mit Texten, die zum Teil noch nicht erschienen waren. Das alles begann in den 1970er-Jahren.

Den ersten großen Auftritt dieser Prenzlauer-Berg-Autoren erlebte ich in einer vollen Kirche. Dort traten die jungen Leute geschlossen als Gruppe auf: Bert Papenfuß, Elke Erb, Stefan Döring, Rainer Schedlinski, Jan Faktor und andere. Adolf Endler prägte den Begriff »Prenzlauer Berg Connection«. Das war das erste Mal überhaupt, dass diese Autoren außerhalb von Zirkeln in privaten Wohnungen an einem *öffentlichen* Ort gemeinsam auftraten. Anschließend hielt Elke Erb ein Referat in einem kleineren Kreis über diese Veranstaltung. Das war eine erste Wertung, eine kritische Auseinandersetzung mit dieser Literaturbewegung und das führte direkt ins Politische, in die Bürgerbewegung hinüber.

Einer dieser privaten Kreise war in der Töpferei von Wilfriede und Ekkehard Maaß.[15] Sie haben ganz bewusst Autoren eingeladen wie Heiner Müller und Franz Fühmann, der sich besonders für Wolfgang Hilbig und Uwe Kolbe einsetzte, dafür, dass ihre Schriften erscheinen konnten und bekannt werden sollten in der DDR – und auch für uns. Von da an hat man sich natürlich sehr intensiv kennengelernt. Diese Bürgerrechtler wollten gar nicht mehr, wie Wolf Biermann noch, den Kommunismus. Das war nicht mehr deren Ding. »Rot, so oder so, die Erde wird rot«, so begann ein Lied von Wolf Biermann bei seinem Konzert in Köln. Die Erde wurde nicht mehr rot, es wurde, wenn der Begriff Kommunismus fiel, damit ironisch gespielt. Diese jungen Autoren knüpften ganz woanders an: bei der frühen sowjetischen Dichtung, bei Sprachkünstlern, die dann in der Sowjetunion verschwunden waren, bei Welimir Chlebnikow und beim frühen Wladimir Majakowski.

Nach der Biermann-Ausbürgerung 1976 setzte ich auch große Hoffnungen in die neue Generation, die unserer Kinder, die Mitte der Fünfzigerjahre geboren wurden. Sie schlugen eine ganz andere Tonart an. Für sie wurde plötzlich auch die Sprache ein Thema: dass die öffentliche Sprache und die literarische Sprache, wie sie gang und gäbe war, nicht mehr so gesprochen und geschrieben werden kann. Aus dieser Generation sind viele Talente hervorgegangen.

Ganz spät, ab 1988, und »Außer der Reihe« konnte ich im Aufbau-Verlag Texte von diesen Autoren der neuen Generation herausbringen.[16] Das war eigentlich – das wusste man natürlich damals nicht – schon im Endstadium der DDR. Es erschienen unabhängige Zeitschriften, deren Titel mit Sprache spielten wie »Schaden« oder »Verwendung«. Oder auch die Texte des Arbeiters Wolfgang Hilbig, der nie in der Bewegung »Schreibender Arbeiter« war, sondern der wirklich im Heizkeller geschuftet hatte und sein Leben beschrieb. Er nannte seinen ersten Band *Abwesenheit*, weil man ihn gar nicht in die Gesellschaft integrieren wollte. Das alles hat einen beflügelt, und ich fühlte überhaupt nicht mehr den Drang wegzugehen. Das war ein Grund, dieses Gefühl, da geht was ganz Neues los. Man kann helfen, man kann sich für junge Leute einsetzen, es entstehen Freundschaften über Generationen hinweg. Diese Erfahrung, dass sich da plötzlich zwei Generationen zuhörten und gegenseitig befeuerten, konnten wir mit unseren Eltern ja nicht machen.

Die Kommunalwahlen 1989

CW Die Ausbürgerung Wolf Biermanns und die Protestbewegung, die darauf folgte, das war wirklich der Anfang vom Ende eines ungetrübten Vertrauens gegenüber dem sozialistischen Staat und ein weiterer wichtiger Schritt für eine autonome kulturelle Bewegung. Auch wenn ich eigentlich nicht eingebunden war in die Kirche, keinem irgendwie religiösen Zirkel angehörte, so lernte ich doch auf einer Lesung Pastor Martin Passauer kennen.[17] Unsere Wege kreuzten sich später wieder, als er Vorsitzender der Kommission zur Untersuchung der Stasi-Übergriffe auf die Demonstranten vor der Berliner Gethsemanekirche vom 7. bis 9. Oktober 1989 war. Nach meiner Lesung sind wir gemeinsam mit einer Gruppe von Leuten in sein Pfarrhaus gegangen und haben uns im Garten in einem Kreis zur Diskussion versammelt. Das war kurz nach den Kommunalwahlen im Mai 1989, zu denen Gerd und ich gar nicht mehr hingegangen sind.

Bei dieser Wahl ist Folgendes geschehen: Abgesandte, oft aus der Kirche oder der Bürgerbewegung, sind in die Wahllokale gegangen und haben mitgeschrieben, was dort in den jeweiligen Wahllokalen zunächst realistisch ausgezählt wurde an Stimmen. Dann haben sie überprüft, welche Stimmenzahl später veröffentlicht wurde und dabei natürlich herausgefunden, dass das Ergebnis gefälscht wurde. Es bildete sich innerhalb kurzer Zeit ein Informationsnetz heraus. Unsere Tochter Tinka rief beispielsweise an und berichtete absichtlich am Telefon, was die wirklichen Zahlen in den Ost-Berliner Bezirken waren und was im Gegensatz dazu veröffentlicht worden war. Darauf sagte man dann: »Aha, schönen Dank, ich werde das anderen weitersagen.« Und dann rief man den Nächsten an, damit *die* wussten, dass man diese Fälschung durchschaut hatte.

Wir saßen also im Garten bei Martin Passauer und alle waren sehr aufgeregt und auch bedrückt, dass diese Zahlen nun gefälscht wurden, dass man nach außen wieder ein falsches Bild vermittelte. Ich weiß noch, wie ich zu Passauer sagte: »Das trauen sie sich nicht noch mal, Wahlen zu machen mit solcher Täuschung. Das war das letzte Mal, das haben sie jetzt gemerkt, dass das nicht mehr geht.« Ich will damit nur sagen: Man ging natürlich davon aus, dass es eine nächste Wahl geben wird und dass man Veränderungen erzwingen kann. Aber man ging nicht davon aus, dass das nun schon das endgültige Ende der DDR war.

War die DDR reformierbar?

Die Reformierbarkeit der DDR haben Sie lange noch für möglich gehalten?

CW Nach der Biermann-Ausbürgerung zunächst nicht. Damals hatte ich jedenfalls den Eindruck: Jetzt wird alles so in dieser stumpfen, bedrückten, lähmenden Atmosphäre weitergehen. Man konnte sich nicht vorstellen, welche Veränderungen möglich wären und wie sie aussehen würden. Dann aber wuchs mit Gorbatschow allmählich die Hoffnung wieder, dass vielleicht doch von innen her eine Veränderung kommt – vielleicht sogar aus bestimmten Kreisen der Partei. Denn das haben wir uns immer gesagt: Die Veränderung muss von innen her kommen, in der Sowjetunion zunächst, und dann wird es auf uns überspringen. Es gab diese Wellenbewegungen von Hoffnung und Depression. Als Honecker an die Macht kam, hatte er in seiner Rede den Passus, dass es keine Tabus geben dürfe. Allerdings vorausgesetzt, dass man diese aus einer sozialistischen Haltung heraus anspricht. Das waren immerhin kleine Signale, die manche unheimlich wichtig fanden und sehr positiv aufgenommen haben. Andere waren da schon etwas skeptischer. Heute datiert man den Beginn des Endes der DDR mit der Ausbürgerung von Wolf Biermann – diese Ausbürgerung war eine so falsche Entscheidung! Aber es war überhaupt nicht absehbar, dass die Proteste dagegen über einen kleinen Kreis Betroffener hinaus in die ganze Gesellschaft ausstrahlen würden. Denn nur sehr wenige Menschen in der DDR kannten Biermann vor seinem Weggang, und dann auch nur in seinem direkten Umfeld. 1976 gab es noch keine kirchliche Bewegung, die sich mit Biermann hätte solidarisieren können. Das beschränkte sich auf intellektuelle Künstlerkreise. Viele haben sich diesem Protest angeschlossen und nicht wenige von ihnen sind dann selbst weggegangen, sie wollten oder konnten hier nicht mehr arbeiten. Das war ein Riesenverlust an Schauspielern, Schriftstellern und vielen bildenden Künstlern.

GW Bis in die Achtzigerjahre hinein ist diese Generation massenweise ausgereist, darunter viele bedeutende Maler aus Dresden: Helge Leiberg, Cornelia Schleime, Ralf Kerbach, Reinhard Stangl, Hans Scheib und andere, A. R. Penck schon früher. Sie gingen Mitte der Achtzigerjahre nach West-Berlin und wurden bekannt durch eine große Gruppenausstellung unter dem Titel »Malstrom«. Aber im Unterschied zu den nach dem Westen gegangenen Autoren haben die bildenden Künstler die Verbindung zu ihrer Generation im Osten nie ganz aufgegeben und konnten so nach dem Mauerfall mit ihnen wieder zusammenarbeiten. Das war ein ermutigendes Kapitel im Strudel der Wendezeit.

Der Weg von der Friedens- zur Bürgerbewegung

In der DDR intensivierte sich zu Beginn der 1980er-Jahre in der evangelischen Kirche die Friedensbewegung unter dem Motto »Schwerter zu Pflugscharen«. Die Friedensbewegung war ein Resultat des Ost-West-Konfliktes und vor allem des Streits um die Stationierung neuer Mittelstreckenraketen in Europa durch den NATO-Doppelbeschluss. Amerikanische Pershing-II-Raketen und Marschflugkörper sollten gegen die sowjetischen SS-20-Raketen in Stellung gebracht werden – jeweils mit Atomsprengköpfen versehen. Allein 1982 protestierte eine halbe Million Menschen auf den Rheinwiesen in Bonn, und in der DDR kamen 1987 Tausende zum Olof-Palme-Friedensmarsch. Als dann selbst Erich Honecker von den Raketen als »Teu-

felszeug« sprach und nicht zwischen den »guten« sowjetischen und den »bösen« amerikanischen Waffen unterschied, war das durchaus auch auf die Aktionen der kirchlichen Friedensbewegung zurückzuführen. Die »Kirche im Sozialismus« – wie sie sich selbst verstand – bot vielen kritischen DDR-Bürgern politischen Freiraum für einen unabhängigen Protest sowohl gegen die Kriegsgefahr als auch gegen das erstarrte SED-Staatssystem. Die evangelische Kirche war am Ende der DDR zu einem bedeutenden politischen Faktor geworden. Sie unterstützte anfänglich das politische Engagement für eine eigenständige DDR – aber eine demokratisierte, ein Land ohne die SED-Diktatur.

CW Das soziale Engagement hatte Vorläufer auf der literarischen Ebene, denn die Kirche bot jungen Autoren, unter anderem Lutz Rathenow oder Freya Klier, die vom staatlichen Kulturbetrieb ausgegrenzt waren, die Möglichkeit, in Kirchen Lesungen zu veranstalten. Zur Verwunderung von Gerhard und mir wurden wir eines Tages eingeladen zu einem Treffen der evangelischen Kirchenleitung, die am Schwielowsee in Ferch tagte. Sie wollten uns kennenlernen. Es entstand eine völlig offene Diskussion, man spürte die gegenseitige Sympathie. Insgesamt herrschte ein protestantischer Geist, es gab ein sehr einfaches Abendbrot. Das war ein asketisches Lebensideal, das so gar nicht unseres war. Aber die Übereinstimmungen in Bezug auf die kritische Haltung zum Status quo in der DDR, die gingen sehr weit. Diese Kontakte setzten sich dann fort, bis in die direkte Wendezeit hinein.

Umbrüche und Wendezeiten

Christa Wolfs Rede am 4. November 1989 auf dem Alexanderplatz in Berlin

Sie waren in der DDR eine öffentliche Person. In der Wendezeit kommt neben dem Bekanntheitsgrad als Autorin noch ihre Popularität als politische Person hinzu. Wie ist das für eine Schriftstellerin, die normalerweise zurückgezogen arbeitet?

CW Das nahm schon Formen der Überhöhung an. Es glitt mir dann auch aus der Hand. Ich konnte das nicht mehr selbst regulieren. Eins kam zum andern. Jedes Mal sagte ich mir: Also muss ich denn das noch machen? Zum Beispiel diese Rede am 4. November auf dem Alexanderplatz. Ja, mein Gott, muss ich da vor den ganzen Leuten sprechen? Man wurde ständig angefragt, aber es waren eigentlich verbindliche Aufforderungen. So auch die Anfrage des Komitees der Schauspieler vom Deutschen Theater, die erwarteten, dass ich mich auf ihrer Demonstration einbringe. Aber wie komme ich denn dazu? Sie riefen mich an und sagten: »Hör zu, wir haben eine Rednerliste zusammengestellt, da bist du drauf.« Das war schon alles gut organisiert, selbst die Redethemen waren vergeben. Meins war »Die Sprache der Wende«. Ich habe mich daran gehalten und begann, mir die Texte und Losungen zu notieren, um sie in meinen Redetext einzuarbeiten. Ich habe sie dann als Beispiele vorgetragen, erklärt, was sie bedeuten und wie man sich daran halten sollte.

Dann rief mich auch Markus Wolf an, der ebenfalls auf der Liste stand.[18] Er hatte eine gewisse Beklemmung und fragte mich, ob er sich da hinstellen solle und ob ich es denn machen würde. Ich sagte: »Ja natürlich, ich mach es. Ich geh hin.« Und da sagte er: »Na gut, dann geh ich auch.« Aber er war ziemlich realistisch, wie das vor sich gehen würde. In der Vorbereitung dieser Demonstration hatte das Theater-Komitee mit der Staatssicherheit eine Absprache getroffen. Die Staatssicherheit sagte: »Das ist jetzt euer Ding. Bitte sorgt ihr für die Sicherheit. Wir sind raus. Ihr wollt uns nicht? Gut, wir sind weg.« In Wirklichkeit liefen die dort rum mit ihren Handtäschchen. Der erste Block vor der Tribüne war weitestgehend Staatssicherheit. Ganz sicher war man sich dann doch nicht, dass es keine Angriffe auf die Redner geben würde. Stefan Heym hat in einem Interview später zugegeben, dass er einen Moment daran dachte, den Demonstranten zuzurufen: »Wir marschieren los!«[19]

Der Demonstrationszug zog dann am Palast der Republik vorbei, und auf den Treppen standen Schauspieler, die als Politbüro verkleidet den Vorbeimarschierenden von oben herab zuwinkten. Das war der satirische Abschied von den sogenannten SED-Machtdemonstrationen. Das war ganz klassisch, wie Marx das vorausgesagt hatte: Die Geschichte tritt zweimal auf, einmal als Tragödie und einmal als Farce. Da brauchte man nicht einmal die Marx'schen Formeln zu kennen, das war offenbar ein Gesetz der Geschichte, wie so etwas verlief.

Aber es war uns vorher nicht hundertprozentig klar, dass dieser Tag ohne Gewalt verlaufen würde. Wir kamen beide am Vorabend dieses Tages aus verschiedenen Zusammenkünften. Der Gerd war in der Französischen Botschaft gewesen, wo wir eine sehr nette Verbindung hatten mit der Botschafterin, und ich war bei einem Treffen mit Kolleginnen, Schriftstellerinnen. Beide hatten wir an diesem Abend von verschiedenen Seiten Warnungen gehört. Uns wurde zum Beispiel erzählt: »Es werden Züge eingeschleust nach Berlin aus der Bundesrepublik, voller Leute in Arbeitermontur, die sich reinmischen sollen in diese Demo und eventuell dort provozieren und dann vielleicht Gewalt ausüben, sodass man eingreifen kann und muss.« Gerd kam von der Botschaft mit ähnlichen Nachrichten. Die Gerüchteküche kochte und so ganz wohl war einem am Morgen des 4. November nicht. Deshalb habe ich mir überlegt, nicht mit meiner Rede noch zusätzlich zu provozieren.

Sprache der Wende

Rede von Christa Wolf am 4. November 1989
auf dem Alexanderplatz

Jede revolutionäre Bewegung befreit auch die Sprache. Was bisher so schwer auszusprechen war, geht uns auf einmal frei über die Lippen. Wir staunen, was wir offenbar schon lange gedacht haben und was wir uns jetzt laut zurufen: Demokratie jetzt oder nie! Und wir meinen Volksherrschaft, und wir erinnern uns der steckengebliebenen oder blutig niedergeschlagenen Ansätze in unserer Geschichte und wollen die Chance, die in dieser Krise steckt, da sie alle unsere produktiven Kräfte weckt, nicht wieder verschlafen; aber wir wollen sie auch nicht vertun durch Unbesonnenheit oder die Umkehrung von Feindbildern.

Mit dem Wort »Wende« habe ich meine Schwierigkeiten. Ich sehe da ein Segelboot, der Kapitän ruft: »Klar zur Wende!«, weil der Wind sich gedreht hat, und die Mannschaft duckt sich, wenn der Segelbaum über das Boot fegt. Aber stimmt dieses Bild noch? Stimmt es noch in dieser täglich vorwärtstreibenden Lage?

Ich würde von »revolutionärer Erneuerung« sprechen. Revolutionen gehen von unten aus. »Unten« und »oben« wechseln ihre Plätze in dem Wertesystem und dieser Wechsel stellt die sozialistische Gesellschaft vom Kopf auf die Füße. Große soziale Bewegungen kommen in Gang. So viel wie in diesen Wochen ist in unserem Land noch nie geredet worden, miteinander geredet worden, noch nie mit dieser Leidenschaft, mit so viel Zorn und Trauer, aber auch mit so viel Hoffnung. Wir wollen jeden Tag nutzen, wir schlafen nicht oder wenig, wir befreunden uns mit neuen Menschen, und wir zerstreiten uns schmerzhaft mit anderen. Das nennt sich nun »Dialog«, wir haben ihn gefordert, nun können wir das Wort fast nicht mehr hören und haben doch noch nicht wirklich gelernt, was es ausdrücken will. Mißtrauisch starren wir auf manche plötzlich ausgestreckte Hand, in manches vorher so starre Gesicht: »Mißtrauen ist gut, Kontrolle noch besser« – wir drehen alte Losungen um, die uns gedrückt und verletzt haben und geben sie postwendend zurück. Wir fürchten, benutzt zu werden. Und wir fürchten, ein ehrlich gemeintes Angebot auszuschlagen. In diesem Zwiespalt befindet sich nun unser ganzes Land. Wir wissen, wir müssen die Kunst üben, den Zwiespalt nicht in Konfrontation ausarten zu lassen: Diese Wochen, diese Möglichkeiten werden uns nur einmal gegeben – durch uns selbst.

Verblüfft beobachten wir die Wendigen, im Volksmund »Wendehälse« genannt, die laut Lexikon sich »rasch und leicht einer gegebenen Situation anpassen, sich in ihr geschickt bewegen, sie zu nutzen verstehen«. *Sie* am meisten, glaube ich, blockieren die Glaubwürdigkeit der neuen Politik. Soweit sind wir wohl noch nicht, daß wir sie mit Humor nehmen können – was uns doch in anderen Fällen schon gelingt. »Trittbrettfahrer – zurücktreten!« lese ich auf Transparenten. Und, an die Polizei gerichtet, von Demonstranten der Ruf: »Zieht euch um und schließt euch an!« – ein großzügiges Angebot. Ökonomisch denken wir auch: »Rechtssicherheit spart Staatssicherheit!« Und wir sind sogar zu existentiellen Verzichten bereit: »Bürger, stell die Glotze ab, setz dich jetzt mit uns in Trab!«

Ja: Die Sprache springt aus dem Ämter- und Zeitungsdeutsch heraus, in das sie eingewickelt war, und erinnert sich ihrer Gefühlswörter. Eines davon ist »Traum«. Also träumen wir mit hellwacher Vernunft.

Stell dir vor, es ist Sozialismus, und keiner geht weg! Sehen aber die Bilder der immer noch Weggehenden und fragen uns: Was tun? Und hören als Echo die Antwort: Was tun! Das fängt jetzt an, wenn aus den Forderungen Rechte, also Pflichten werden: Untersuchungskommission, Verfassungsgericht, Verwaltungsreform. Viel zu tun, und alles neben der Arbeit. Und dazu noch Zeitungslesen!

Zu Huldigungsvorbeizügen, verordneten Manifestationen werden wir keine Zeit mehr haben. Dies ist eine Demo – genehmigt, gewaltlos. Wenn sie so bleibt, bis zum Schluß, wissen wir wieder mehr über das, was wir können, und darauf bestehen wir dann.

Vorschlag für den Ersten Mai:
Die Führung zieht am Volk vorbei.

Unglaubliche Wandlungen: Das »Staatsvolk der DDR« geht auf die Straße, um sich – als Volk zu erkennen. Und dies ist für mich der wichtigste Satz dieser letzten Wochen – der tausendfache Ruf: Wir – sind – das – Volk! Eine schlichte Feststellung. Die wollen wir nicht vergessen.

Am Vorabend rief ich meine Tochter an, die mit den Kindern auch zur Demonstration kommen wollte: »Du, hör mal, es gibt Anzeichen, dass vielleicht doch mit Gewalt zu rechnen ist, vielleicht solltest du mit den Kindern nicht hingehen.« Worauf sie dann sagte: »Das geht nun nicht mehr, die Kinder malen alle schon an ihren Transparenten« – die waren vier und sechs Jahre alt –, »die kann ich nicht mehr zurückhalten. Wir werden uns erst mal am Rand aufhalten, mal sehen, wie es läuft.« Und die Kinder kamen dann mit, mit ihren Transparenten. Meine Enkeltochter war im ersten Jahr in der Schule und trug die Losung vor sich her »Schule – werde spannender«, was ich sehr gut verstand [lacht]. Mein Enkelsohn – der war vier Jahre alt und hatte Buchstaben schon gelernt von seiner Schwester – ist Linkshänder und schrieb in Spiegelschrift »Gorbi, hilf uns«. Das Transparent damit trug er durch die Straßen, es war ein großer Erfolg. Jedenfalls, wie man nun heute weiß, ging alles gut aus und ohne jede Gewalt. Die Leute waren überhaupt nicht auf Gewalt aus oder darauf, sich zu rächen, sondern sie haben diese alte Ordnung weggefegt. Zum Teil mit Lachen unmöglich gemacht und weggefegt. Das war schon etwas Besonderes.

Hatten Sie vorab eine Liste aller Redner?

CW Ja, damals hatte ich eine. Eine Telefonkonferenz der Redner gab es natürlich nicht. Mit Heiner Müller traf ich mich vorher. Der sagte noch: »Also, ich weiß eigentlich nicht, was ich reden soll. Ich habe hier so einen Text, den werde ich einfach vorlesen.« Es war ein Papier von Leuten, die eine neue Gewerkschaft bilden wollten. Dementsprechend war Heiners Auftritt. Stefan Heym hatte natürlich einen sehr, sehr wirkungsvollen Text. Er rief eigentlich zur Revolution auf: »Demokratie heißt Herrschaft des Volkes. Üben wir sie aus, diese Herrschaft!« Ja, das war ein richtiger Revolutionsaufruf. Christoph Hein feierte die Heldenstadt Leipzig. Ulrich Mühe war ganz pragmatisch, er las aus der Verfassung der DDR Artikel 27 und 28 vor.[20] Bei mir war die Losung eine Umkehrung von »Stell dir vor, es ist Krieg und keiner geht hin.« – »Stell dir vor, es wird Sozialismus und keiner geht weg«.[21]

Wie waren die Begegnungen am Rednerwagen, wo sie sich alle trafen, zum Beispiel mit Schabowski, Heym und Schorlemmer?

CW Wir haben uns nicht alle getroffen. Schabowski habe ich dort nicht getroffen, den hätte ich auch nicht treffen wollen. Denn er war wirklich einer der Schlimmsten vor der Wende. Er war Berliner Bezirkssekretär der Partei, der SED, und ich entsinne mich an einige wenige Auftritte, die er im Schriftstellerverband hatte. Vor dem hatte man Angst. Dem hätte ich dort nicht begegnen wollen. Das brauchte man auch nicht bei dem Gewusel an Leuten. Man lief da herum, und ich traf auf Heiner Müller, ich traf auf Bärbel Bohley – davon gibt es Fotos –, auf Stefan Heym, auf diejenigen, auf die ich treffen wollte. Aber wem man nicht begegnen wollte, den musste man nicht treffen.

GW Dann bekam Christa während der Rede einen Anfall von Tachykardie.

CW Eine Herzrhythmusstörung, die hatte ich sowieso öfter. Ich habe während der Rede natürlich versucht, das zu verdrängen und mir nichts anmerken zu lassen, was mir offenbar auch gelungen ist. Dann bin ich runter von der Tribüne. Unten habe ich Gerd nicht gleich gefunden und habe mich mit dem Rücken an ein Schaufenster gelehnt. Gerd, der mich suchte, fand mich dort. Und ich sagte: »Du, ich habe Tachykardie.« – »Warum denn das?« – »Ja, ich kann es jetzt nicht ändern.«

Es gab natürlich in der Nähe der Rednertribüne einen Arzt, und den hat Gerd dann geholt. Für solche Fälle stand zum Glück ein Krankenwagen bereit. Der Arzt hat meinen Herzrhythmus gemessen und gesagt: »Das kann ich hier nicht verantworten, Sie müssen ins Krankenhaus.« Ich hab gekocht vor Wut: »Jetzt gerade? Das geht doch nicht, geben Sie mir die und die Spritze, ich weiß schon ...« – »Nein. Nein, nein, das mache ich jetzt nicht.« Man hat mich mit diesem Krankenwagen ins Krankenhaus transportiert.

Dort kam es zu einer filmreifen Szene. Da stand ein komplettes Ärzteteam, das man bereitgestellt hatte für irgendwelche Demonstranten, die schlappmachen und dann eingeliefert werden würden. Nichts dergleichen. Es war niemand da, ich war die Erste, die dort ankam. Alle guckten mich an und sagten: »Was? Frau Wolf, Sie haben wir doch eben noch im Fernsehen gesehen.« Alle waren von einer überströmenden Herzlichkeit, aber leider auch sehr fürsorglich. Sie haben mich nicht laufen lassen und haben mir eine Spritze gegeben. Danach ging es mir besser, und ich wollte immerzu weg. »Nein, nein, Sie bleiben noch«, hieß es dann.

Als ich dann gehen durfte, standen Gerd und ich am Straßenrand, während die Demonstration sich auflöste und die Leute nun wieder an uns vorbei nach Hause defilierten. Viele erkannten mich und grüßten, das waren irgendwie peinliche Augenblicke. Man steht ja da, ganz privat, und wildfremde Menschen tun so, als würde man sich schon ewig kennen.

Hat Ihnen jemand im Vorfeld gesagt, dass die Demonstration im DDR-Fernsehen live übertragen wird und hat Sie das überrascht?

CW Nein, ich war nicht überrascht. Das wussten wir oder es wurde einem spätestens bewusst, als man im Krankenhaus sagte: »Wir haben Sie gerade gesehen.«

GW Christa war ja als Schriftstellerin schon ziemlich bekannt, aber durch die Live-Übertragung ihrer Rede multiplizierte sich das. Das war wirklich ein evidentes Beispiel dafür, was Zivilcourage zustande bringen kann: diese große Demonstration am 4. November 1989 auf dem Alexanderplatz in Berlin mit einer halben Million Teilnehmern.

CW Ja, und wie die Demonstranten auftraten, was für eine Art von Plakaten und Losungen sie mitführten, das war nicht vorauszusehen. Das Ganze bekam einen satirischen, einen spielerischen Zug mit den selbstgemachten Transparenten. Es war überhaupt nicht bärbeißig, böse oder gewalttätig. Nichts ist passiert, es war absolut friedlich. Das war doch ein absolutes Wunder. Es gab keinen einzigen Angriff von Demonstranten auf Vertreter der Staatsmacht. So sind viele Menschen ermutigt worden, sich plötzlich als engagierte Bürger zu zeigen.

Nach diesem 4. November war ich hier in Pankow bekannt wie ein bunter Hund. Plötzlich grüßten mich alle auf der Straße und wollten mit mir über jedes aktuelle Ereignis ins Gespräch kommen. Ich weiß noch, wie die Leute auf mich zukamen und mir erzählten, was *sie* gemacht haben oder wie sie den Mauerfall am 9. November erlebt haben. So die Blumenverkäuferin von der Ossietzkystraße! Da habe ich mir gedacht: Das ist eine Figur aus Brechts »Pariser Kommune«. Oder die drei Offiziere von den Grenztruppen, die mich anhielten und mir erzählten, wie *sie* den 9. November erlebt haben. Der eine erzählte mir, dass er in seiner Einheit, die an der Grenze war, die Munition eingesammelt hatte, damit nichts passieren konnte. Ich sagte: »Na, Hut ab.« Worauf er fragte: »Soll das das Einzige sein, was ich dafür an Anerkennung bekomme?« Ich wieder: »Ich glaube, ja.« Die Offiziere waren ganz traurig, dass sie jetzt an die polnische Grenze verlegt werden sollten, weil sie hier nicht mehr gebraucht wurden. Es gab Dutzende solcher Begegnungen. Also *das Volk* ist doch nicht so duckmäuserisch und dumm, wie man manchmal denken konnte, sondern im Gegenteil, es war geistvoll, scharfsinnig und witzig. Ja, die Leute wussten durchaus, was sie wollten. In dieser Hinsicht war es eine gute Zeit, obwohl mir sehr bald bewusst wurde, dass diese Zeit nur von kurzer Dauer sein würde.

Christa Wolfs Mitarbeit in der unabhängigen Untersuchungskommission

Sie haben längere Zeit, über das Jahr 1989 hinaus, sich in der Kommission zur Aufklärung der polizeilichen Übergriffe zum 40. Jahrestag der DDR in Berlin engagiert. Eine Erfahrung, die mit Hoffnung beginnt und desillusioniert endet?

CW Gleichzeitig oder kurz nach dieser Massendemonstration auf dem Alex am 4. November 1989 kam etwas in Gang, was für mich eines der entscheidendsten und wichtigsten Erlebnisse in dieser Zeit war: die Bildung einer Untersuchungskommission zu den Übergriffen der Polizei am 7. und 8. Oktober 1989, dem 40. Jahrestag der DDR, als friedliche Demonstranten, meistens sehr junge Leute, mit Kerzen durch die Straßen zogen und auf übelste Weise zusammengeschlagen wurden. Viele wurden mit Gewalt in Gewahrsam genommen auf Polizeistationen, sogar teilweise in Garagen. Dort mussten sie an Wänden stehen und wurden ein, zwei Nächte lang misshandelt. Dieser Polizeiangriff auf die jungen, friedlichen Demonstranten hat den ganzen revolutionären Prozess entscheidend vorangetrieben.

Unsere älteste Tochter und unser Schwiegersohn waren auch bei der Demonstration. Dieses Ereignis war etwas, wo wir als Sozialisten sagten: Das darf es im Sozialismus nicht geben. Das muss bestraft werden. Aus diesem Bewusstsein heraus entstand diese Untersuchungskommission. Zunächst war sie noch angeschlossen an den Magistrat von Berlin und hat sich später neu konstituiert als unabhängige Untersuchungskommission, welche die Vorgänge in den Nächten untersuchte mit dem Ziel, die Verantwortlichen dafür zu finden und sie einer Bestrafung zuzuführen.

Über längere Zeit haben wir mindestens jede Woche mittwochs im Roten Rathaus getagt. Wir hatten dort einen für uns bestimmten Raum. In dieser Kommission waren zunächst weit über zwanzig, dreißig Leute verschiedenster Berufe. Von den Autoren waren zum Beispiel Christoph Hein und Daniela Dahn dabei. Pastor Martin Passauer wurde dann unser Vorsitzender, der seine Sache sehr gut machte.

Das war ein Lernprozess, den ich wahrscheinlich nirgends sonst so hätte machen können, wie eine Gruppe von Leuten sich spontan zu einer arbeitsfähigen Kommission zusammenfand. Arbeiter, Ärzte, Künstler, alles Menschen, die sich untereinander zunächst gar nicht kannten, die wirklich dieses Ziel vereinte: Das muss jetzt aufgeklärt werden, das müssen wir untersuchen, die Fakten müssen auf den Tisch und dann muss das bestraft werden. So etwas darf nie wieder vorkommen.

Wir hatten dann – nicht plötzlich, sondern nach und nach – alle ein Arbeitsgebiet. Ich war in der Untergruppe »Gesundheit«. Gemeinsam mit einem Arzt untersuchten wir: Wurden Leute in Krankenhäuser eingeliefert? Waren sie verletzt? Hat man irgendwas mit ihnen gemacht, das solche Wunden herbeigeführt hatte? Es wurden sehr viele Augenzeugenberichte gesammelt. Die füllten einen ganz dicken Protokollband. Wir haben zu jeder Sitzung Offiziere und höhere Kader der Polizei, der Justiz und auch Funktionäre der SED vorgeladen.

Wir wollten natürlich die Aussagen dieser jungen Leute, die in diesen Nächten alles mögliche Schlimme und sehr Unangenehme erlebt hatten, in die Protokolle aufnehmen. Das war überhaupt der Grund für unsere Materialsammlung. Einiges lag schon vor, das hatte die Kirche mit Gedächtnisprotokollen der Zugeführten schon gesammelt. Einige von den Betroffenen sind auch zu uns in die Kommission gekommen, aber wir haben auch einige Opfer besucht.

Einmal bin durch eine Laubenkolonie gestapft, um da einen Jungen zu finden. In was für Quartiere man da kam, wie einfach, wie ärmlich viele zum Teil lebten. Das waren wirklich Leute aus den – in Anführungszeichen – »unteren Schichten«, und in welch einer souveränen Weise die Auskunft gaben. Das war sehr, sehr beeindruckend. Keiner von denen hat Rache gefordert oder sich dahingehend geäußert, sondern die haben alle ganz schlicht erzählt, warum sie bei der Demonstration mitgemacht haben, was sie wollten. Das war für mich eine sehr beeindruckende Erfahrung.

Als einen der schlimmsten und zynischsten Auftritte vor der Kommission habe ich noch den von Günter Schabowski in Erinnerung. Andere, die eine Vorladung bekommen hatten und bei uns aussagen mussten, blieben stumm, sagten, sie hätten Aussageverbot. Sie seien Geheimnisträger in ihrer staatlichen Funktion und dürften keine Geheimnisse und Vertraulichkeiten preisgeben. Daraufhin habe ich einen Brief an Ministerpräsident Hans Modrow geschrieben, ihm das geschildert und ihn gebeten, er möge doch diese Leute befreien vom Aussageverbot. Das hat er auch getan. Er schrieb uns in einem Brief, dass die entsprechenden Staatsfunktionäre uns offen Rede und Antwort zu stehen hätten und bei ihren Aussagen nichts zurückhalten dürften. Natürlich haben sie uns trotzdem belogen, ist ja klar. Es war niemand verantwortlich für nichts: »Nein, der war gar nicht dabei.« – »An dem Tag? Was da war? Da war er auf seiner Datsche …« und so weiter. Aber Kreuzverhöre und überhaupt solche Leute zu verhören, das musste man auch erst einmal lernen. Einiges konnten wir trotzdem herausfinden. Es kristallisierte sich nach und nach heraus, von welcher Behörde der ganze Polizeieinsatz eigentlich ausging.

Wie gesagt, Verhöre zu führen muss man erst mal lernen und wahrscheinlich auch ständig üben. Daniela Dahn beispielsweise musste Erich Mielke vernehmen. Wir hatten beantragt, dass die Kommission oder einer ihrer Vertreter auch den ehemaligen Staatssicherheitschef Mielke, der inzwischen im Gefängnis war, verhören durfte. Das ging nicht auf Zuruf, sondern dauerte ein Weilchen. Dann kam an einem Wochenende plötzlich die Nachricht: Jetzt könnt ihr kommen. Ihr könnt ihn verhören um die und die Zeit. Aber es war niemand von uns in der Kürze der Zeit greifbar außer unserer damals noch jüngsten und attraktivsten Frau. Daniela Dahn musste also da hin, um Mielke zu vernehmen.

In einer Zelle musste sie auf einem Bett sitzen und Mielke, der natürlich von nichts etwas wissen wollte, ihr gegenüber. Das sind doch filmreife Szenen! Man muss sich die Daniela vorstellen, damals. Ein absolut zierliches und hübsches Persönchen. Und da saß dieser Mielke ihr gegenüber und sollte ihr nun Rede und Antwort stehen. Er war fest davon überzeugt, dass er alle Menschen geliebt hat und nur das Beste wollte. Es kam also nichts dabei heraus. Aber immerhin war es für die Kommission ein Erfolg, bis zu Mielke vorgelassen zu werden.

Eine andere irre Szene war, als der Polizeipräsident von Berlin vorgeladen wurde. Er hatte zwar die Freigabe des Ministerpräsidenten für umfängliche Aussagen, aber er bestand darauf, dass er nur im Beisein eines anderen Geheimnisträgers sprechen werde. So fragt er in die Runde: »Ist hier jemand unter Ihnen, der auch Geheimnisträger und berechtigt ist, Geheimnisse anzuhören?« Da meldete sich einer aus der Kommission, der selbst aus dem Apparat kam: »Ich.« – »Also gut, dann dürfen nur Sie das Dokument sehen, das ich jetzt hier verlesen werde.« Dann folgte eine absurde Szene: Der oberste Polizist stand am Podium und verlas sein Dokument, und unser Kommissionsmitglied stand direkt hinter ihm und schaute ihm über die Schulter, ob er auch das vorlas, was dort stand. Solche Szenen sind doch Bilder von Revolutionen.

Christa Wolf bei einer Sitzung der unabhängigen Untersuchungskommission zusammen mit Christoph Hein.

Die Ergebnisse der Kommissionsarbeit

CW Dann kam sozusagen die Wende der Wende, nachdem die Modrow-Regierung im März 1990 abgelöst war. Plötzlich fühlte sich niemand mehr zuständig für die Ergebnisse des Untersuchungsberichtes. Wir sind daraufhin zum Berliner Senat und haben ihm das Material angeboten, mehr oder weniger freudig, aber immer noch in der Hoffnung, dass die entsprechenden Leute zur Verantwortung gezogen werden. Wir haben dann bei Pfarrer Passauer in der Sophienkirche getagt und das Material einem Senatsvertreter vorgestellt und erklärt. Man hat ihm aber schnell angemerkt, dass ihm das vollkommen am Arsch vorbeiging, dass ihn das gar nicht interessierte.

Das Material wurde nie von uns abgefordert. Wir haben es zunächst bei Pastor Passauer in der Sakristei so gut wie möglich verschlossen gelagert, weil uns klar war, dass das historisches Material ist, das man nicht einfach irgendwohin geben, vernichten oder zugrunde gehen lassen kann. Heute liegt es im Zentrum für Zeithistorische Forschung, die haben das in ihr Potsdamer Archiv übernommen. Mit anderen Worten: Damit ist das Material für historische Forschungen jederzeit zugänglich.

Der Personenkreis dieser Kommission hat sich danach noch jahrelang getroffen. Meist einmal im Jahr bei Pastor Passauer in der Sophienkirche oder im Garten bei Ilse-Maria Dorfstecher, deren Inselgalerie sich gleich neben der Kirche befand. Wir haben uns darüber ausgetauscht, was wir jetzt so machen, woran wir arbeiten. Wir wollten ja wissen, wie es mit jedem Einzelnen weiterging nach dem Herbst 1989. Ein Arzt erzählte uns von der Abschaffung der Polikliniken und wie bürokratisch und aufwendig jetzt die Abrechnungen bei den Krankenkassen seien. Über die neuen Verhältnisse in den inzwischen privaten Unternehmen berichtete ein Arbeiter, ein Rechtsanwalt erklärte uns Auszüge aus der bundesdeutschen Strafprozessordnung. Das waren sehr interessante Gespräche. Diese Kommissionsarbeit, will ich damit nur sagen, über Wochen und Monate, das war eine so eindringliche Erfahrung, die ich nicht missen möchte. Die Ergebnisse der Kommissionsarbeit hat später der Basis-Druck Verlag in dem Band *Und diese verdammte Ohnmacht* veröffentlicht.[22]

Über das Unbehagen in der Kommission

So eindeutig der Gewinn war, den jedes einzelne Mitglied durch seine/ihre Arbeit an dieser Kommission verspürte, so zögernd, zwiespältig und wahrscheinlich unterschiedlich fällt die Antwort auf die Frage nach den gesellschaftlichen Folgen dieser – und anderer – Kommissionen aus. Was wir am Anfang uns wünschten, hat sich erfüllt. Die Untersuchungskommission wurde für uns zu einer »Schule der Demokratie«. Wir lernten uns gegenseitig in unseren Ansichten und Voraussetzungen schätzen und respektieren; wir lernten, uns aufeinander zu verlassen, auch, uns gegenseitig Mut zu machen in depressiven Phasen, die es gab; wir lernten die besonderen Fähigkeiten eines jeden, einer jeden für die Arbeit zu nutzen. Manche erwarben sich beträchtliche Kompetenzen auf Gebieten, die ihnen vorher fremd gewesen waren. Verantwortung, Disziplin, Sachlichkeit wurden zu Arbeitsgrundsätzen, die alle anerkannten, aber an erster Stelle stand das Mitgefühl für die Betroffenen. Die Kommission war ein lebendiger, sich entwickelnder Organismus, dessen Arbeit, die umfangreich war und ja von allen freiwillig geleistet wurde, immer mehr von einem Geist des Vertrauens, der Freundschaftlichkeit getragen wurde. Ihre Ergebnisse wären nicht denkbar ohne das Vertrauen, das auch gerade die Betroffenen der Kommission und einzelnen ihrer Mitglieder entgegenbrachten.

Strukturell gesehen gehörte auch unsere Kommission zu jenen Erscheinungen einer vorher ungekannten, auch unvorstellbaren Basisdemokratie, die durch die Bürgerbewegung im Herbst 1989 hervorgebracht, zum Teil erzwungen wurden und die sich zäh und zielstrebig Rechte und Kom-

petenzen von den noch vorhandenen Leitungsgremien er-
kämpfen mußten – in unserem Fall vom Ministerrat der DDR,
vom Magistrat von Berlin, von verschiedenen Organen des
Justizministeriums. Unsere Autorität gegenüber diesen Gremien und gegenüber der Öffentlichkeit wuchs, je mehr sich
die anderen Bürgerkomitees, zum Beispiel die Runden Tische, Autorität verschafften, je mehr solche Kommissionen
als nützlich, effektiv und zuverlässig ins Bewußtsein der Öffentlichkeit eingingen und das Interesse an ihnen und ihren
Ergebnissen zunahm. Das sicherste Zeichen dieser Autorität
war die Bereitschaft hoher und höchster ehemaliger Wür-
denträger des Staates, sich von uns als Kommission oder
von einzelnen ihrer Mitglieder über ihre Rolle während der
Gewalttätigkeiten der Polizei an Demonstrationen am 7.
und 8. Oktober 1989 befragen zu lassen – wir hatten dazu
kein offizielles Mandat.

Deutlich konnten wir beobachten, daß in dem Ausmaß,
wie die Ausstrahlung der Ideen der Bürgerbewegungen im
Herbst 89 nachließ, wie, durch die Installierung der neu ge-
wählten Regierung im März 1990, die Runden Tische ihre
Arbeit aufgeben mußten, auch das Interesse der Öffentlichkeit an der Arbeit unserer Kommission schwand. Zwar
gelang es uns noch, die Institution eines Bürgerbeauftrag-
ten in der Verfassung des Berliner Magistrats zu verankern,
doch wird wahrscheinlich auch dieser Rest basisdemokra-
tischer Mitwirkung an der Lenkung eines Gemeinwesens
verlorengehen, und damit sehr viel Aktivität, Ideenreichtum,
Einsatzbereitschaft, Wissen sehr vieler Bürgerinnen und Bürger. Wir haben in der Kommission diesen Prozeß sozusagen
am eigenen Leib mit großem Bedauern erfahren. Ungeach-
tet der Tatsache, daß der Gegenstand unserer Arbeit umris-
sen, die Dauer der Tätigkeit natürlich zeitlich begrenzt sein

mußte, glauben wir, Erfahrungen gesammelt zu haben, die allgemeiner Natur sind. Der großen produktiven Reserven in der Bevölkerung bedienen sich anscheinend nur solche Umbruchzeiten, in denen die bisherige Macht verunsichert, die neue noch nicht installiert ist, wie wir sie vom Oktober 1989 bis zum 18. März 1990 erlebt haben. Vieles von dieser direkten Mitarbeit der Basis geht in der Bürokratie, auch der einer parlamentarischen Demokratie, verloren. Das allgemein offene und öffentliche Gespräch über die Gestaltung der gesellschaftlichen Belange, an dem auch unsere Kommission sich beteiligte, ist beinahe wieder verstummt. Seine konkreten Auswirkungen in Form von Gremien und anderen Strukturen in der neu sich formierenden Gesellschaft der dann ehemaligen DDR scheinen gering zu sein. Die Frage ist, ob die belebende, aktivierende Erfahrung über Mitarbeit in solchen basisdemokratischen Gremien für ihre Mitglieder nicht nur eine bedeutende, wertvolle Erinnerung bleibt, sondern sie ermutigt und befähigt, ihr Verhalten als Bürgerinnen und Bürger zukünftig an diesem Maßstab zu orientieren. Diese Frage kann nur jede und jeder einzelne in den kommenden Jahren selbst beantworten.

Christa Wolfs Ablehnung des Staatspräsidentenamtes

Man hat Ihnen sogar das Amt einer Staatspräsidentin angetragen. Wäre das für Sie nicht der Höhepunkt im Revolutionsjahr gewesen?

CW Nein, das war eine Marginalie. Da rief mich eines Tages Lothar de Maizière an – als CDU-Vorsitzender, da war er noch nicht Ministerpräsident der DDR – und sagte: »Ich will Ihnen nur sagen, wir haben Sie jetzt hier in unserem Kreis« – oder was immer das gerade für ein Gremium war – »vorgeschlagen für das Präsidentenamt.« Ich darauf: »Wie bitte? Um Gottes willen!« – »Ja, wie? Wollen Sie denn das nicht?« Ich sagte: »Nein, das will ich auf gar keinen Fall.« – »Ach Gott«, sagt er, »wir haben es schon an die Presse gegeben.« Ich wieder: »Bitte, ich flehe Sie an, nehmen Sie das zurück. Sehen Sie zu, dass Sie das noch aufhalten, denn ich mache das auf keinen Fall.« – »Ja, aber warum denn nicht? Ist doch schade.« Da sagte ich: »Das ist nicht meine Sache. Ich kann das gar nicht und will es auch nicht.« Ich glaube, eine Zeitung hat es dann trotzdem gedruckt.

Václav Havel wollten Sie keinesfalls werden?

CW Nein, das hätte ich auch nicht gekonnt. Es gibt Sachen, bei denen ich sicher bin, dass ich sie nicht kann, und dazu gehört, ein politisches Amt auszuüben. Da fehlt mir einfach ganz vieles an Organisations- und Durchsetzungstalent oder was immer man da noch braucht, außer dass man ein paar schöne Reden halten kann. Das hätte ich alles nicht gekonnt. Das war mir vollkommen klar. Außerdem wollte ich das noch nie, ich wollte keine Politikerin werden. Ich wollte bei meinem Leisten bleiben. In der Wendezeit hatte es mich da sozusagen hineingetrieben ins Politische, aber nun war Schluss.

Der Mauerfall am 9. November 1989

Was haben Sie am 9. November gemacht?

CW Am 9. November waren wir beide bei der Premiere des Films *Coming out* von Heiner Carow, des ersten in der DDR produzierten Films, der die Homosexualität behandelt. Ein guter Film, der genau zu dieser gesellschaftlich sehr aufgeregten Situation passte. Gute Voraussetzungen also für eine Filmpremiere. Während des Films haben wir erlebt, wie das Publikum unglaublich begeistert und zugleich gerührt war. Viele Leute weinten, hatten Tränen in den Augen. Es gab einen ganz langen, tollen Beifall am Schluss.

Wir waren mit unserem Auto zum Kino International gekommen und fuhren gleich nach Ende des Films in die Brunnenstraße, wo meine Tochter und mein Schwiegersohn wohnten. Unsere Tochter war nicht da, aber der Schwiegersohn machte die Tür auf und sagte: »Wisst ihr es schon? Die Mauer ist auf!« Wissen Sie, was ich da gesagt habe? Diesen Satz, den habe ich später immer wieder innerlich wiederholt: »Dann sollen sie auch im ZK die weiße Fahne hissen.« Ich will damit sagen und kann das auch nicht leugnen, dass das ein zwiespältiges Gefühl war, bei mir jedenfalls.

Wir fuhren dann mit dem Auto die Schönhauser Allee hoch und neben uns in Doppelreihe die Trabis. Ein schier unendlicher Zug an Autos und Menschen. Die kreuzten die Schönhauser zum Übergang Bornholmer Straße. Dort bogen alle ein und wir fuhren ziemlich alleine weiter nach Pankow.

Wir sind also nach Hause gefahren und haben das Fernsehen angestellt. Unsere Tochter und unser Schwiegersohn sind noch zum Brandenburger Tor gegangen und sind dort oben auf der Mauer entlanggetanzt [lacht]. Ja, was kann man noch dazu sagen?

Wir sind ein paar Tage später, die Bornholmer Straße hatte sich etwas beruhigt, mit der ganzen Familie nach West-Berlin gefahren. Der kleine Enkel war völlig enttäuscht vom Westen, weil alles ganz normal aussah, auch die Häuser. Der Anton war vier Jahre alt, die Familie war vorher in Polen gewesen, in einer Gegend, wo so schöne alte Bauernhäuser standen, mit Fachwerk und bunten Steinen. Das hatte er als schön in Erinnerung. Dann gingen wir über die Bornholmer, über die Brücke und sagten: »So, Anton, jetzt bist du im Westen.« Da guckt er sich um. »So blöde Häuser«, sagt er, »das gefällt mir überhaupt nicht.« Wir sind dann weiter nach Tegel gefahren. Was meinem Enkel allerdings gefiel, war, dass er im Omnibus im Oberdeck fahren konnte.

Der Besuch von Lew Kopelew

CW Ich erzählte schon, dass wir mit Kopelews befreundet waren. Bei der Trauerfeier für Heinrich Böll, zu der wir nach Köln fuhren, haben wir ihn besucht in seiner Wohnung. Wo immer Lew auch lebte, wurde er das Zentrum vor allen

Dingen von russischen Emigranten und Nicht-Emigranten. Die saßen in seiner Küche zu Dutzenden und wurden dort auch verpflegt. Man traf bei ihm seine deutschen Freunde, ja überhaupt alle möglichen Leute. Kopelews Küche war ein richtiger Treffpunkt.

Eines schönen Tages nach dem Mauerfall, vielleicht drei Tage danach, klingelt das Telefon und seine Stimme sagt: »Christa, ich bin da.« – »Wo bist du?« – »Bei euch.« – »Wo denn ›bei uns‹?« – »Jenseits der Mauer.« – »Mensch, Lew, warte, wir kommen.« Wir fuhren also los und holten ihn am Grenzübergang Heinrich-Heine-Straße ab. Er hatte sofort nach der Nachricht von der Öffnung der Grenze ein Flugzeug nach Berlin genommen, sozusagen Hals über Kopf, und keinen Ausweis, nichts bei sich. Die Grenzer wollten ihn nicht passieren lassen: »Das geht nicht.« Nun sagten die Leute rundherum: »Sie wollen den großen russischen Schriftsteller nicht reinlassen? Na also, das ist doch die Höhe!« Da haben die Grenzbeamten sich nicht getraut, ihn zurückzuweisen: »Ja, aber kommen Sie wenigstens bitte hier wieder zurück, dass wir über Ihre Ausreise Bescheid wissen.« *Das* sollte nun noch sein, irgendein Papier musste noch her.

Dann wollte Kopelew auf den Dorotheenstädtischen Friedhof. Brechts Grab, das war das Erste, was er sehen wollte. Wir haben ihn abends dann wieder zur Grenze zurückgebracht, übrigens zur selben Übergangsstelle.

Christa und Gerhard Wolf und Lew Kopelew wenige Tage nach dem
Mauerfall in Ost-Berlin.

Ein besseres Leben in der BRD oder eine Neugestaltung der DDR?

Sie als Autorin muss es doch bewegt haben, als dann diese große Massenflucht einsetzte vor und nach dem Mauerfall. Da sind ja auch ihre Leser mit weggewandert.

CW Die eigentliche Massenflucht begann ja erst, als die Mauerübergänge alle offen waren. Das hat mir Sorgen bereitet. Warum wollen die Leute weg, wo doch jetzt erst alles anfängt mit dem demokratischen Sozialismus? Da hatte ich noch die Illusion, das müsste doch die Leute begeistern. Deshalb habe ich diesen Aufruf, diesen Appell zum Dableiben verfasst. Das Fernsehen hat mir ohne Weiteres einen Zeitpunkt eingeräumt, um meinen Appell zu verbreiten, und ich habe mich an die Bürger gewendet und gesagt: Leute, bleibt doch hier. Wir brauchen doch jeden, um eine neue DDR aufzubauen oder jedenfalls eine neue, freie Gesellschaft. Das wird doch spannend. Wir können natürlich nicht versprechen, dass jeder ein perfektes Leben haben wird, aber dass es interessant und wichtig sein wird, das können wir versprechen.

Klar, im Nachhinein könnte man die eigene Befindlichkeit und was man in jener Zeit getan und erlebt hat einfach als eine Kette von Illusionen beschreiben. Wie das so üblich ist bei einer gescheiterten Revolution. Nachträglich kann man immer sagen: Es war alles Illusion. Wenn die Sache Erfolg gehabt hätte wie, sagen wir, die Französische Revolution, dann wäre es eben nur eine teilweise gescheiterte Illusion, aber kein vollständiges Scheitern. Ich glaube, bei uns hat es sich wohl bewahrheitet, dass in Deutschland keine Revolution Erfolg haben kann. Dadurch konnte ich einsehen, dass man die Realitäten nicht unbedingt falsch eingeschätzt, sondern die Möglichkeiten, die darin für die Zukunft steckten, rosarot gemalt hat. Zumindest nach außen hin habe ich versucht, das utopisch Positive zu formulieren. Weil mir immer klar war: Wenn man zu stark die negativen Möglichkeiten betont, zieht man sich selbst mit herunter. Deshalb habe ich manches ganz bewusst und entgegen meiner eigenen Skepsis damals positiv formuliert.

Der Wille, der Wunsch wegzugehen, auf welchem Weg auch immer, war bei vielen ja seit langem schon da. Damals konnte man aber noch nicht von einer Massenflucht sprechen. Die Ausreisen waren sehr stark limitiert und kanalisiert dadurch, dass all diese Ausreisewilligen eine Genehmigung brauchten. Zum Teil mussten sie jahrelang darauf warten und alle möglichen Schikanen erdulden, ehe sie dann endlich die Ausreiseerlaubnis bekamen. Das war alles willkürlich, weil es ja kein verbindliches Ausreisegesetz gab. Aber nachdem die Grenzen offen waren, setzte wirklich eine anhaltende Massenflucht ein. Meiner Meinung nach auch deshalb, weil die Leute erstens gedacht haben: Na, ob es dabei bleibt? Vielleicht gehen die Grenzen wieder zu. Das war, glaube ich, der Hauptgrund. Der zweite war die Hoffnung, im Westen wirtschaftlich besser gestellt zu sein. Wenn man heute die Bilder von damals sieht, dann waren das sehr viele junge Leute, die in den Westen gingen. Die wollten etwas Neues anfangen, sie fühlten sich in der DDR eingeschränkt, sahen für sich hier keine Möglichkeiten. Aber im Westen, da waren schon »blühende Landschaften«, die mussten nicht erst geschaffen werden. Davon hat sich der Osten Deutschlands bis heute nicht erholt. Und vielleicht hat das Fehlen der vielen jungen Menschen die ostdeutsche Gesellschaft auch anfälliger gemacht für populistische, rechtskonservative Auffassungen.

Wir haben ja in Mecklenburg ein altes Pfarrhaus und da waren über Nacht all unsere Handwerker, vor allem die jungen, frisch ausgebildeten weg. Von denen ist keiner geblieben. Manche sind sogar täglich gependelt, bis Hamburg und zurück. So sind viele kleine handwerkliche Betriebe und kleinere Industrien bis hin zu den Werften an der Küste untergegangen. Der Hauptgrund wegzugehen ist noch heute, dass die jungen Leute die Hoffnung haben, im Westen einen sicheren und besser bezahlten Arbeitsplatz zu finden. In Mecklenburg hat es eine flächendeckende Deindustrialisierung gegeben, und die Tourismusbranche hat das bisher auch nicht ausgleichen können.

Auch die Landwirtschaft braucht nicht mehr so viele Angestellte. Hatte früher eine LPG zweihundert bis dreihundert Mitarbeiter, dann machen das heute acht bis zehn Leute ganz allein. Die LPGs mussten ja von Genossenschaften in GmbHs umgewandelt werden, dadurch sind die großen Flächen in meist wenige private Hände gekommen. Die schon zu DDR-Zeiten bevorzugte Großraumbewirtschaftung hat man übernommen und kräftig ausgebaut. Ganz wenige Leute mit riesigen Maschinen bearbeiten hunderte Quadratkilometer große Äcker. Hinter unserem Haus ist ein Rapsfeld bis an den Horizont. Es ist zigmal größer, als es die LPG-Felder waren. Ein Feld, dessen Farbe einen wahnsinnig machen kann, dieses Gelb, ein sehr intensives Gelb. Jetzt, als wir zu Pfingsten dort waren, waren rundherum solche gelben riesigen Felder! Und dann dieser süße schwere Duft! Das ist reinste Monokultur und von der EU gefördert. Da gibt es keinen Kartoffelacker mehr, die Kartoffeln müssen wir einführen nach Mecklenburg. Es gibt nur noch Weizenfelder, Rapsfelder, Maisfelder, also jene Sorten, die von der EU und dem Markt gerade gefördert werden. Dazu gibt es Auflagen und Richtlinien. Alles ist in der Preiswirtschaft viel strenger reguliert als in der Planwirtschaft.

Appell Christa Wolfs an DDR-Bürger:
Fassen Sie Vertrauen!

Die Schriftstellerin Christa Wolf hat sich am Mittwoch in der »Aktuellen Kamera« des DDR-Fernsehens mit einer von weiteren Künstlern und Vertretern von fünf Bürgerinitiativen unterzeichneten Erklärung an ausreisewillige Bürger der DDR gewandt:

»Liebe Mitbürgerinnen, liebe Mitbürger, wir alle sind tief beunruhigt. Wir sehen die Tausende, die täglich unser Land verlassen. Wir wissen, daß eine verfehlte Politik bis in die letzten Tage hinein ihr Mißtrauen in die Erneuerung dieses Gemeinwesens bestärkt hat. Wir sind uns der Ohnmacht der Worte gegenüber Massenbewegungen bewußt, aber wir haben kein anderes Mittel als unsere Worte. Die jetzt noch weggehen, mindern unsere Hoffnung. Wir bitten Sie, bleiben Sie doch in Ihrer Heimat, bleiben Sie bei uns!
Was können wir Ihnen versprechen? Kein leichtes, aber ein nützliches und interessantes Leben. Keinen schnellen Wohlstand, aber Mitwirkung an großen Veränderungen. Wir wollen einstehen für Demokratisierung, freie Wahlen, Rechtssicherheit und Freizügigkeit. Unübersehbar ist: Jahrzehntealte Verkrustungen sind in Wochen aufgebrochen worden. Wir stehen erst am Anfang des grundlegenden Wandels in unserem Land.

Helfen Sie uns, eine wahrhaft demokratische Gesellschaft zu gestalten, die auch die Vision eines demokratischen Sozialismus bewahrt. Kein Traum, wenn Sie mit uns verhindern, daß er wieder im Keim erstickt wird. Wir brauchen Sie. Fassen Sie zu sich und zu uns, die wir hierbleiben wollen, Vertrauen.«

Unterschrieben haben die Erklärung für das »Neue Forum« Bärbel Bohley, für den »Demokratischen Aufbruch« Erhard Neubert, für die »Sozialdemokratische Partei« Uta Forstbauer, für »Demokratie Jetzt« Hans-Jürgen Fischbeck, für die Initiative »Frieden und Menschenrechte« Gerhard Poppe sowie außer Christa Wolf weiter Volker Braun, Ruth Berghaus, Christoph Hein, Stefan Heym, Kurt Masur und Ulrich Plenzdorf.

Man spricht heute sehr viel über Selbstverwirklichung, alle jungen Menschen wollen sich selbst verwirklichen. Findet in einer Umbruchzeit wie 1989/90 nicht eine Selbstverwirklichung innerhalb kürzester Zeit statt? Der Einzelne ist gezwungen, sich zu positionieren, sich im Strom der Ereignisse zurechtzufinden. Da entsteht viel Hoffnung auf ein besseres Leben.

CW Es ist *doch* nicht so, wie ich damals dachte, dass die Möglichkeit – und ich übernehme jetzt Ihr Schlagwort – sich selbst zu verwirklichen, indem man sich in einen brodelnden gesellschaftlichen Prozess einbringt, um mitzubestimmen – was ich persönlich als die höchste Lust des Menschen empfinde –, nun allseits genutzt würde. Es ist sicherlich so, dass die meisten Menschen diesen Prozess schon wahrnehmen und verfolgen, aber nur für kurze Zeit. Dann soll es wieder zur Realität zurückgehen, zu einem guten Arbeitsplatz, einem normalen Familienleben. Das bessere Leben, das haben wir inzwischen gelernt, heißt für die meisten Menschen, *materiell* besser gestellt zu sein. Das ist völlig verständlich. Und da man dafür nur ein paar Kilometer westwärts reisen musste, hat sich das auf den Veränderungs- und Umgestaltungsprozess in der DDR nach dem Mauerfall niedergeschlagen.

Freiheit ohne Grenzen: Endlich reisen dürfen

War ein wesentliches Ziel der DDR-Bürger auch, endlich mehr Reisefreiheit zu bekommen?

CW Ja, natürlich. Das ist vollkommen verständlich in einem Europa und in einer Welt, die derartig viele Sehenswürdigkeiten bietet. Wohin die westlichen Nachbarn, die zum Teil die eigene Familie sind, überall fahren konnten! Man selbst war schon in der Sowjetunion, am Schwarzen Meer, fuhr nach Polen an die Ostsee oder nach Ungarn an den Balaton. Aber nun auch mal nach Mallorca oder Italien zu reisen, das sollte selbstverständlich sein. Das lag an der Zeit, dass sich das so explosionsartig äußerte.

Unsere Enkeltochter, die heute Journalistin ist, war damals in der Abiturklasse und wollte unbedingt weg, zur Not über Prag. Die Maueröffnung hat das dann nicht mehr nötig gemacht und sie hat sich ein Europa-Ticket gekauft. Damit konnte sie mit dem Zug nach Wien, dort aussteigen, wieder einsteigen und weiter nach Spanien. Freiheit ohne Grenzen.

Der Aufruf »Für unser Land«

Die Entstehungsgeschichte des Aufrufs

Ende November 1989 beteiligten Sie sich an dem Aufruf »Für unser Land«, der für eine eigenständige wirklich sozialistische DDR als Alternative zur Bundesrepublik eintrat. Als der Aufruf veröffentlicht wurde, lag die Maueröffnung bereits mehr als zwei Wochen zurück. Die Entstehungsgeschichte des Aufrufs ist so genau nicht bekannt. Wer verfasste ihn?

CW Es war Pfarrer Krusche, der eine erste Fassung des Aufrufs »Für unser Land« formulierte.[23] In diesem Text haben sich im Grunde alle Forderungen der Bürgerbewegung und der Kirche widergespiegelt. Es gab ja zunächst noch den Wunsch, das Land zu verändern, eine andere DDR zu gestalten. Das war die Hauptstoßrichtung derer, die den Sozialismus noch nicht abgeschrieben hatten.

Pfarrer Krusche entwarf also eine erste Fassung des Aufrufs und es gab eine kleine Redaktion nebenher. Der Regisseur Konrad Weiß war unter anderem dabei. Aber auch eine Gruppe von Leuten, die wir bis auf zwei, drei Namen gar nicht kannten. Diese kamen aus der Opposition, die sich an der Humboldt-Universität schon längere Zeit an alternativen Sozialismuskonzepten versucht hatte. Ich sollte die Endfassung des Aufrufs erstellen.

So trafen sich bei uns in der Wohnung dann sieben, acht Leute zur Schlussredaktion. Wir haben die Vorlage diskutiert und an einigen Stellen verändert. Zum Beispiel stand im Entwurf ungefähr zwölf Mal das Wort »sozialistisch«. Ich habe gesagt, dass das so nicht gehen würde, obwohl ich selbst gern »sozialistisch« drin haben wollte. In dem Punkt habe ich eine gemilderte Fassung erstellt, die nun wiederum sehr auf dem Entweder-oder basierte und das vielleicht zu stark betonte. Zumindest wollte ich, dass wenigstens einmal das Wort »sozialistisch« darin vorkommt. Es war wahrscheinlich ein Fehler, man hätte ein anderes Wort nehmen müssen.

GW Da hätte im Sinne der Bürgerbewegung »basisdemokratisch« reingehört.

CW Ein anderes Wort hätte aber nichts geändert. Der Satz mit der »sozialistischen Alternative zur Bundesrepublik« wurde dann so ausgelegt, dass wir weiterhin an diesen alten Strukturen der DDR hängen würden. Was ja nun wirklich nicht der Fall war. Wir wollten eine von tief unter her veränderte DDR. In diesem Sinne haben wir den Aufruf formuliert.

Für unser Land

Unser Land steckt in einer tiefen Krise. Wie wir bisher gelebt haben, können und wollen wir nicht mehr leben. Die Führung einer Partei hatte sich die Herrschaft über das Volk und seine Vertretungen angemaßt, vom Stalinismus geprägte Strukturen hatten alle Lebensbereiche durchdrungen. Gewaltfrei, durch Massendemonstrationen hat das Volk den Prozeß der revolutionären Erneuerung erzwungen, der sich in atemberaubender Geschwindigkeit vollzieht. Uns bleibt nur wenig Zeit, auf die verschiedenen Möglichkeiten Einfluß zu nehmen, die sich als Auswege aus der Krise anbieten.

Entweder

können wir auf der Eigenständigkeit der DDR bestehen und versuchen, mit allen unseren Kräften und in Zusammenarbeit mit denjenigen Staaten und Interessengruppen, die dazu bereit sind, in unserem Land eine solidarische Gesellschaft zu entwickeln, in der Frieden und soziale Gerechtigkeit, Freiheit des einzelnen, Freizügigkeit aller und die Bewahrung der Umwelt gewährleistet sind.

Oder

wir müssen dulden, daß, veranlaßt durch starke ökonomische Zwänge und durch unzumutbare Bedingungen, an die einflußreiche Kreise aus Wirtschaft und Politik in der Bundesrepublik ihre Hilfe für die DDR knüpfen, ein Ausverkauf unserer materiellen und moralischen Werte beginnt und über kurz oder lang die Deutsche Demokratische Republik durch die Bundesrepublik Deutschland vereinnahmt wird.
Laßt uns den ersten Weg gehen. Noch haben wir die Chan-

ce, in gleichberechtigter Nachbarschaft zu allen Staaten Europas eine sozialistische Alternative zur Bundesrepublik zu entwickeln. Noch können wir uns besinnen auf die antifaschistischen und humanistischen Ideale, von denen wir einst ausgegangen sind. Alle Bürgerinnen und Bürger, die unsere Hoffnung und unsere Sorge teilen, rufen wir auf, sich diesem Appell durch ihre Unterschrift anzuschließen.

Berlin, den 26. November 1989

Götz Berger, Rechtsanwalt; Wolfgang Berghofer, Kommunalpolitiker; Frank Beyer, Regisseur; Volker Braun, Schriftsteller; Reinhard Brühl, Militärhistoriker; Tamara Danz, Rocksängerin; Christoph Demke, Bischof; Siegrid England, Pädagogin; Bernd Gehrke, Ökonom; Sighard Gille, Maler; Stefan Heym, Schriftsteller; Uwe Jahn, Konstruktionsleiter; Gerda Jun, Ärztin/Psychotherapeutin; Dieter Klein, Politökonom; Günter Krusche, Generalsuperintendent; Brigitte Lebentrau, Biologin; Bernd P. Löwe, Friedensforscher; Thomas Montag, Mediziner; Andreas Pella, Bauingenieur; Sebastian Pflugbeil, Physiker; Ulrike Poppe, Hausfrau; Martin Schmidt, Ökonom; Friedrich Schorlemmer, Pfarrer; Andree Türpe, Philosoph; Jutta Wachowiak, Schauspielerin; Heinz Warzecha, Generaldirektor; Konrad Weiss [sic], Filmemacher; Angela Wintgen, Zahnärztin; Christa Wolf, Schriftstellerin; Ingeborg Graße, Krankenschwester

Walter Janka, der – wie bekanntgegeben wurde – aus organisatorischen Gründen an der Pressekonferenz nicht teilnehmen konnte – stimmt dem Aufruf zu, hat diesen noch nicht unterzeichnet.

Was war die ursprüngliche Intention des Aufrufs und welche Rolle spielte der holländische Pastor Dick Boer[24] dabei?

CW Pfarrer Dick Boer war unterwegs für verschiedene Bürgerbewegungen und die engagierte Kirche. Er ging zu Leuten, von denen er meinte, sie könnten sich für solch einen Aufruf engagieren. Aus seiner Sicht sollte im Aufruf stehen, was von der DDR erhaltenswert sei, um den Menschen Argumente gegen die Vereinnahmung durch die Bundesrepublik an die Hand zu geben. Wobei Dick Boer nicht direkt zu uns kam, sondern über Volker Braun, der mich anrief und über Pfarrer Boers Initiative unterrichtete. Bis dahin kannte ich ihn gar nicht. Dieser Pfarrer gehörte einer ökumenischen Arbeitsgemeinschaft an, einer kleinen holländischen Gemeinde in Ost-Berlin. Er hatte den Aufruf angeregt und schon einige Unterstützer gefunden. Zum Schluss sagte Volker zu mir: »Wir sollten so einen Aufruf machen. Mach da doch mit.« Ich war damals schon verhältnismäßig desillusioniert, denn es war ja schon eine ganze Zeit vergangen; der Sturz Honeckers lag hinter uns.

Egon Krenz war zu dieser Zeit noch Generalsekretär der SED und Staatsratsvorsitzender, Nachfolger vom am 18. Oktober 1989 zurückgetretenen Erich Honecker. Hans Modrow wurde der erste Ministerpräsident der DDR und brachte in seiner ersten Regierungserklärung den Vorschlag einer »Vertragsgemeinschaft« zwischen beiden deutschen Staaten ins Spiel.

CW Ja, Krenz war noch an der Macht, aber so hilflos. Da fragte man sich schon: Was kommt danach? Man hatte bereits so ein Bauchgefühl, dass das selbst mit einer veränderten DDR nicht mehr lange gehen wird, dass also ein solcher Aufruf keinen Sinn mehr hätte. Mein Eindruck war, dass man versuchen wollte, einen Zug aufzuhalten, der schon in voller Fahrt war. Daher sagte ich zu Volker Braun: »Ich sehe da keinen Sinn mehr drin. Ich glaube, ich mach da nicht mit.« Es war wirklich so.

Im Gespräch mit Leipziger Studenten

Im November 1989 hatte sich durch die Öffnung der Berliner Mauer die gesellschaftliche Wende – das Wort »Wende« prägte ironischerweise Egon Krenz in seiner Antrittsrede – in einen dynamischen politischen Prozess verwandelt, der immer mehr die nationale statt die soziale Frage in den Mittelpunkt stellte. Im Zentrum der Diskussionen stand nun nicht mehr die Möglichkeit eines demokratischen Sozialismus, sondern die Frage der Wiedervereinigung der beiden deutschen Staaten. Wie haben Sie diese Diskussionen zum Beispiel in Leipzig erlebt, wo Sie zu einer Lesung an der Universität eingeladen waren.

CW Da musste ich etwas erfüllen, was lange vorher schon verabredet war, lange vor dem ganzen Wendegeschehen. Monate vorher hatte ich bereits eine Lesung an der Leipziger Universität verabredet. Die Situation hatte sich unterdessen so verändert, dass man zwar hinfuhr, aber keine Lesung mehr halten konnte. Ich habe eine Art Rechenschaftsbericht darüber abgelegt, wie ich diese Wendewochen bis dahin erlebt hatte. Was ich in dieser Zeit gemacht oder beobachtet hatte. Es war ein unglaublicher Andrang, ein Riesenzulauf und -interesse. Die Leute füllten nicht nur diesen einen Hörsaal, sondern rundum wurden alle Hörsäle beschallt. Überall waren Lautsprecher und Monitore aufgebaut. Mein Rechenschaftsbericht endete mit ein paar Sätzen in dem Sinne, dass jetzt »ein revolutionärer Prozess in Gang gekommen ist« und »dass der hier in Leipzig in guten Händen ist«. Riesenbeifall.

Im Anschluss kamen ein paar Studenten zu mir und sagten: »Frau Wolf, Sie sagen das so, ›in guten Händen‹. Wissen Sie eigentlich, dass bei der letzten Montagsdemonstration bei uns plötzlich nicht nur die Losung ›Wir sind das Volk‹ auftauchte, sondern ›Wir sind ein Volk‹?« Das wusste ich nicht, das war das erste Mal, dass ich das hörte. In einer Kneipe haben wir uns ausführlich darüber unterhalten. Ich erinnere noch gut, wie die jungen Leute sagten: »Können Sie nicht irgendwas dagegen tun? Das muss man aufhalten.« Die Studenten waren unglaublich engagiert für eine andere DDR, aber nicht für eine Vereinnahmung durch die Bundesrepublik. Daraufhin habe ich ihnen erzählt, was bei uns in Berlin jetzt in Gang gekommen ist und von diesem Aufruf berichtet. Da haben alle am Tisch sofort gesagt: »Unbedingt machen. Das ist doch wichtig!« So ein Aufruf wäre wunderbar und das Richtige. Ich bin nach Berlin zurückgefahren, habe Volker Braun angerufen und gesagt: »Du, ich mach doch mit.«

GW Es kommt noch ein weiterer Punkt hinzu. Vertreter der DDR-Bürgerrechtsbewegung wurden zum ersten Mal nach Bonn eingeladen. Ich weiß noch genau, in welcher Stimmung Sebastian Pflugbeil, er war ja Mitbegründer des Neuen Forums, zurückkam und sagte: »Wie wir da von den Bundestagsabgeordneten behandelt wurden, davon könnt ihr euch gar keine Vorstellungen machen! Da kommt was auf uns zu!« Das war mit ein Grund, diesen Aufruf zu starten.

Stefan Heym hat den Aufruf auf der Pressekonferenz der Initiative »Für unser Land« am 28. November verlesen. Warum er?

CW Bei der Vorbereitung und Ausarbeitung war er gar nicht dabei. Da ich bereits am 8. November den Aufruf zum Dableiben im Fernsehen verlesen hatte, war Heym nun so freundlich, diesen Aufruf öffentlich zu verlesen. Jetzt wurde dem armen Kerl in die Schuhe geschoben, eine Plattform für die Ewiggestrigen initiiert zu haben. Am selben Tag, als Stefan Heym vor die Presse trat, hielt Helmut Kohl eine Rede vor dem Bundestag und trug das Zehn-Punkte-Programm vor.[25] Eine Art Stufenplan zur Entwicklung der deutsch-deutschen Beziehungen. Die DDR spielte darin noch eine über längere Zeit selbständige Rolle.

Das Zehn-Punkte-Programm Helmut Kohls

GW Das Zehn-Punkte-Programm war ein sehr schlaues Papier. Inzwischen weiß man, dass Kanzleramtschef Teltschik sogar mit sowjetischen KPdSU-Leuten Korrespondenzen geführt hat, um auszuloten, wie weit man zu diesem Zeitpunkt in der Frage der deutschen Einheit gehen kann. Helmut Kohl hat nicht gleich gesagt: Her mit der Einheit Deutschlands, nein, er sprach von einem konföderativen europäischen Prozess. Ein sehr schlaues Papier und sehr geschickt – natürlich mit dem Hintergedanken, dass das ganz anders laufen würde.

CW Mit dem Zehn-Punkte-Plan war der Aufruf »Für unser Land« praktisch ausgehebelt. Das, was wir wollten, kehrte sich ins Gegenteil und war über Nacht gescheitert. Dazu kam noch, dass sich Egon Krenz sofort zur Unterschrift unter unseren Aufruf gedrängt sah. Das war wieder so eine große politische Dummheit, ja Blödsinn von ihm, dass er da aufsprang. Mit seiner Unterschrift war das Vorhaben desavouiert. Aha, die alte Führung will dasselbe, dann ist das ja Blendwerk mit eurem Aufruf, dachten sich viele. Die Medien haben sich großformatig drangehängt, als Krenz unterschrieb. Das war doch eine Meldung, die unters Volk musste. Presse und Fernsehen stellten die Kohl-Rede dem Aufruf gegenüber nach dem Motto »Wollt ihr vorwärts- oder rückwärtsgehen?«. Der Aufruf war natürlich in den Augen vieler Letzteres: »Das ist die alte DDR, der Sozialismus der wirtschaftlich längst pleite ist und das wollen die erhalten«, so wurde der Aufruf denunziert. Trotzdem gab es eine Menge Zustimmung. Es haben wohl eine Million Leute zwischen Ostsee und Erzgebirge unterschrieben.

Die Nachwirkung des Aufrufs »Für unser Land«

Bei allem unglücklichen Verlauf führte dieser Aufruf »Für unser Land« doch direkt in die Diskussion um die deutsche Frage. Wohin soll der Weg führen? Deutschland einig Vaterland? Oder die Veränderung der DDR zu einer basisdemokratischen Republik? An diesen Fragen haben

*sich die neuen Bürgerbewegungen gespalten. Beim »De-
mokratischen Aufbruch« hat es dazu geführt, dass sich die
Gruppe um Friedrich Schorlemmer und Daniela Dahn
abspaltete. Kann man sagen, dass die Bürgerbewegung zu
großen Teilen an dieser deutschen Frage zerbrach?*

CW Friedrich Schorlemmer hat »Für unser Land« sofort
mitunterschrieben. Natürlich provozierte der Text die Auseinandersetzung und brachte die deutsche Frage auf die Ta-
gesordnung – man musste sich für oder gegen die Einheit
entscheiden. Das stimmt schon. Im Grunde waren natürlich
die Würfel längst gefallen. Das war ja mein Gefühl schon vor
der Arbeit am Aufruf gewesen. Aber es war unter den DDR
Bürgern auch ein Bedürfnis vorhanden, das nun zumindest
mal richtig zu diskutieren, um für sich selbst einen Standpunkt zu bilden. Die entscheidende Wende in der Diskussion
war der öffentliche Auftritt Kohls in Dresden vor der Ruine
der Frauenkirche im Dezember. Das war das eigentliche, das
emotionale und auch optische Ende der DDR. Da flogen die
Deutschlandfahnen unter den Rufen »Wir sind ein Volk –
Deutschland, Deutschland«, und Ministerpräsident Hans
Modrow stand nur noch hilflos daneben. Die Einheitsfah-
nen waren eindeutig in der Überzahl. Für viele war das das
Ende der Revolution.

*Man könnte hier von einem revolutionären Prozess im
Sinne Lenins sprechen: Die einen konnten nicht mehr, die
anderen wollten nicht mehr. Es kam zum Sturz des Ancien
Régime. Doch die revolutionäre Bewegung der DDR hatte nicht genug Medienpower, eine neue Gesellschaft her-
vorzubringen. Am Ende wird der Anschluss an die Bundesrepublik die allseits akzeptierte Lösung. Wie blicken*

Sie inzwischen auf diese Monate nach dem November 1989 zurück?

CW Mir und vielen anderen wird immer die Erinnerung daran bleiben, dass wir in diesem Herbst 1989 dabei gewesen sind. Da war ich nachträglich froh, in der DDR geblieben zu sein. Mitzuerleben, wie hunderttausende Menschen plötzlich im Verlauf weniger Tage und Wochen zu selbstbestimmten Bürgern reiften und eine couragierte Haltung gegenüber den herrschenden Verhältnissen an den Tag legten, die man nicht für möglich gehalten hätte.

Die deutsche Frage

Nochmals zur deutschen Frage. Ich gehöre zu der Generation, die in der DDR geboren wurde und in diesem Land aufgewachsen ist. Für mich war die Vorstellung, plötzlich zur Bundesrepublik zu gehören, seltsam. Der Altersgruppe meiner Eltern ging es in dieser Hinsicht ganz anders. Einerseits habe ich Leute gekannt, die gleich wieder Geschichten aus der Schulzeit vor dem Krieg erzählt haben, die die deutsche Geografie »von der Isar bis zum Inn« herunterdeklinieren konnten. Sofort haben sie die deutsche Fahne rausgehängt, als wäre ihnen in ihrer Kindheit dieses Bild des vereinten Deutschlands so implantiert worden, dass sie auch vierzig oder fünfzig Jahre später nahtlos daran anknüpfen konnten. Das war doch eine Überraschung. Wir Jüngeren kannten Deutschland ja nur geteilt in die BRD und die DDR. Andere aus der Generation meiner Eltern hingegen waren dennoch für eine eigenständige DDR.

Aber auch diese Gruppe war meiner Generation gegenüber im Vorteil, sie kannte ja den westlichen Teil Deutschlands, wenn auch nur aus Urlauben in der frühen Kindheit. Da erinnerten sich die Eltern plötzlich an Ferien an der Nordsee oder in Bayern, knüpften an ihre Erfahrungen in Westdeutschland vor dem Krieg an. Sie beide gehören zu der Gruppe, die nicht sofort angeknüpft hat an ihre Erfahrungen von vor 1945. Worum ging es bei Ihnen? Sie hätten ja auch sagen können: Wir sind in Deutschland geboren, wir kennen das als eins, es gehört wieder zusammen.

CW In Deutschland geboren zu sein, das ist das *eine*. Sich auf eine bestimmte Weise dazu zu verhalten, resultierte aus Entscheidungen, die man im Laufe der zurückliegenden Jahre gefällt hatte. Das galt zumindest für *den* Teil meiner Generation, der stark erfasst war von dem tiefen, tiefen Widerwillen gegen das NS-Regime, von der Ablehnung der Nazis. Da wieder anzuknüpfen, auf die Idee kam zum Beispiel ich überhaupt nicht. Die Kindheit war immer, bis heute eigentlich, ein sehr spezieller Lebensabschnitt, mit dem man sich auseinanderzusetzen hatte, mit all den Prägungen, die man dort erfahren hatte. Ein für das ganze Leben übergeworfener Mantel, bei dem man sehr wachsam sein musste, was von dem Bösen wieder aufleben könnte. Es kam also überhaupt nicht infrage, dort anzuknüpfen, im Gegenteil: Das war genau das, was ich auf keinen Fall wollte.

GW Bei uns war die Überzeugung sehr stark, der BRD mit ihrer Übernahme des alten Staatsapparates der NS-Zeit etwas entgegenzusetzen. Unter Adenauer wurden Nazirichter weiter beschäftigt, Mitglieder der Gestapo oder Reichssicherheitsleute erlangten hohe Positionen wie Reinhard Gehlen, der den BND leitete. Wir kannten die Bundesrepublik außerdem ziemlich gut, weil wir oft dort waren. Wir haben zum Beispiel den Ostermarsch mitgemacht oder waren auf Vietnam-Demonstrationen und haben in dieser Zeit viel mit Heinrich Böll diskutiert.

CW Wir kannten natürlich auch die Differenzen, die es unter den Linken und in der Friedensbewegung gab, sodass es für uns nie ein Ziel war, unbedingt in die Bundesrepublik zu gehen, denn die DDR war inzwischen unser Land geworden. Natürlich gab es auch Möglichkeiten, sich anders zu entscheiden. 1982, während meiner Poetik-Vorlesungen in Frankfurt am Main, gab es auch ernst gemeinte Angebote von Siegfried Unseld, nicht nur den Verlag zu wechseln.

Für mich war ganz wichtig in diesem Prozess des Übergangs 1989/90, dass ich voraussah – und das wurde ja auch gar nicht verschwiegen –, dass die Eigentumsverhältnisse sich wieder von Grund auf ändern würden. Das heißt, dass wieder das Privateigentum an Produktionsmitteln eingerichtet werden würde und dass alles, was für mich damals erhaltenswert gewesen wäre, vollkommen verschwinden würde. Dass damit auch unsere kulturellen Anknüpfungspunkte nicht mehr dieselben sein würden, dass wir in völlig andere Strukturen hinübergehoben werden und dass das natürlich auch die Literatur- und Kulturszene verändern würde. Das hat sich im Laufe des Einheitsprozesses ziemlich schnell gezeigt. Verlage mussten sich anders orientieren, sie gingen reihenweise ein und ihre Autoren waren plötzlich heimatlos. Sie mussten lernen, sich anzupassen an die neuen Strukturen, die ihnen jetzt angeboten wurden. Das ist in der Abhandlung von Christoph Links über die Abwicklung der DDR-Verlage genauestens beschrieben.[26]

Die neuen Strukturen im Kulturbetrieb und der Literaturstreit

Der Aufbau Verlag und Christa Wolfs Verlagswechsel

Sie haben sich, wenn man es genau nimmt, ebenfalls schnell an die neuen Strukturen angepasst. Sie sind vom Ost-Berliner Aufbau Verlag zum westdeutschen Luchterhand Verlag gewechselt. Damals gab es dazu viele kritische Stimmen, die meinten: Jetzt sind unsere Autoren wie Christoph Hein und Christa Wolf zu den besseren Angeboten in den Westen übergelaufen.

CW Das war bloß gar nicht so. Bei mir war es ein Deal zwischen den Verlagen. Anna Seghers durfte zum Aufbau Verlag gehen und bleiben, wenn ich zu Luchterhand gehe. Zudem hatte ich engere Bindungen zum Verleger von Luchterhand als zum Immobilienhändler Bernd Lunkewitz, der den Aufbau Verlag von der Treuhand gekauft hatte. Diese Befindlichkeiten spielten durchaus eine Rolle.

GW Ich hatte als Herausgeber von »Außer der Reihe« auch keinen Platz mehr im Aufbau Verlag.[27] Die Autoren dieser Reihe waren in den Augen des neuen Verlegers nicht profitabel genug, nicht für Bestseller tauglich. Ich habe mir zum Abschied noch ein paar Kartons Bücher geben lassen, die noch in unserem Keller stehen. Gleichzeitig haben wir uns darum bemüht, dass diese jungen Autoren im Westen auch erscheinen können. Einige Werke von Bert Papenfuß und Jan Faktor kamen dann zum Beispiel bei Luchterhand heraus. Aber das waren natürlich winzigste Auflagen. Da hatte Herr Lunkewitz recht, das war keine Bestseller-Literatur.

CW Damals hat der Aufbau Verlag auf mich nicht den Eindruck gemacht, dass er eine Atmosphäre und Kultur erhalten wollte, die einen verpflichtet hätte, diesen zu unterstützen. Aber davon abgesehen mochte ich die erfahrenen Lektoren, besonders an meiner Lektorin Angela Drescher hing ich sehr, und ich habe auch nie wieder eine solche Person gefunden. Jedenfalls hatten die ersten Begegnungen mit den neuen Verlegern nicht den Eindruck erweckt, als würde ich dort noch gebraucht. Und dann kam dieser Deal mit Anna Seghers dazu.

Da wurde also ein regulärer Autorentausch vollzogen? Die Verwertungsrechte der Autorinnen Wolf und Seghers werden einfach zwischen den Verlagen ausgetauscht? Stand dahinter nicht das Kalkül, dass die Bedeutung von Christa Wolf abnehmen und die von Anna Seghers in Zukunft zunehmen wird, der Verlag also mit der einen Autorin künftig weniger und mit der anderen mehr Geld verdienen würde?

CW Ja, und das hat Herr Lunkewitz später mächtig bereut. Da floss nicht das erwünschte Geld. Es wurde überhaupt nicht weiterverhandelt, sondern es hieß einfach: Anna Seghers kommt mit ihren ganzen Rechten zum Aufbau Verlag. Der Luchterhand Verlag hätte jetzt auf manche Sonderrechte pochen können, denn die Honorare von Anna gingen direkt nach Frankreich zu ihrem Sohn, zu Pierre Radvanyi.

Das war eine ganz spezielle Abmachung, mit wiederum eigenen Rechten für ihren Sohn. Aber das spielte alles keine Rolle bei dem Deal. Anna Seghers' Gesamtwerk kommt jetzt zu Aufbau, basta.

Ich tendierte ohnehin mehr zu Luchterhand. Der Verlag hatte 1983 *Kassandra* zuerst gedruckt. Das Buch ist auf der Grundlage meiner Poetik-Vorlesungen in Frankfurt am Main ein Jahr zuvor entstanden. Im Aufbau Verlag verzögerte sich die Veröffentlichung, weil aus den Vorlesungen bestimmte Textzeilen aufgrund der Zensur gestrichen und durch Pünktchen ersetzt werden mussten.[28] Mit Luchterhand gab es also diesen Vorlauf, der einem ein gutes Gefühl für die Zukunft gab. Dass sich der Aufbau Verlag von seinem Hauptstamm an Autoren schlagartig trennte und deren Restauflagen zum Teil auf die Halde schmiss, war nicht nur dort gang und gäbe. Pfarrer Weskott hatte die sogenannten »Halden-Bücher« ja überall in Ostdeutschland gesammelt.[29] Ich glaube, dass man am Umgang mit Büchern erkennen kann, in welcher Phase sich ein revolutionärer Wandel gerade befindet.

Aber auch wir waren nicht frei von Illusionen. Wir dachten noch, dass Luchterhand vielleicht zusammen mit Aufbau eine Taschenbuchreihe herausgeben könnte. Aber Elmar Faber, der damalige Aufbau-Verleger, hat völlig richtig entschieden, dass der Aufbau Verlag ein eigenes Taschenbuch braucht. In unseren Illusionen übersahen wir völlig, was es heißt, im Kapitalismus einen Verlagsbetrieb geschäftlich erfolgreich zu führen, ihn am Leben zu halten. Kein großer Verlag kann heute ohne eigenes Taschenbuch überleben. Die frühzeitige Entscheidung von Elmar Faber für einen eigenen Taschenbuchverlag konnte dann der neue Eigentümer natürlich vorteilhaft nutzen.

Es war wirklich so, dass jeder Autor jetzt allein in diesen Wandlungsprozess hineingezogen wurde. Irgendwie musste er schwimmen in einem Strom, von dem er nicht wusste, wohin er führte und wo er ihn ans Ufer setzen würde, um an diesem Ufer neu Fuß zu fassen. Das war für die Literatur, für Autoren und Künstler ein kräftezehrender und komplizierter Transformationsprozess. Ganz davon abgesehen, dass diese literarische Gruppe nur ein kleiner Teil des Ganzen, des großen Wandlungsstromes war. Das kann man anderen höchstwahrscheinlich überhaupt nicht begreiflich machen – übrigens auch den meisten Westdeutschen nicht –, was es bedeutet, wenn ein ganzes Land abgewickelt und sozusagen implantiert wird in ein anderes, mit allen staatlichen und sozialen Strukturen. Dass das, was vorher in diesem Land galt, ob mit Recht oder Unrecht, völlig verschwindet und versinkt oder eben regelrecht zerstört wird, und das mit Kalkül und nicht aus Versehen. Denn ich meine, die Losung von Herrn Dr. Kinkel, damals Bundesjustiz- später Außenminister, dass die DDR *delegitimiert* werden müsse, das war eine offizielle Losung.[30] Besonders vernichtend wirkte diese auf den Gebieten von Kunst und Literatur, aber auch in der Wissenschaft. Es kam zu einem rasanten Elitenaustausch an den Universitäten, Hochschulen und an allen Akademien. Über Nacht übernahmen die westdeutschen Gesandten die Gremien, und selbst international hoch angesehene DDR-Wissenschaftler mussten sich von oftmals zweitklassigen Professoren aus dem Westen evaluieren lassen. Im Grunde blieb kein Stein auf dem anderen. Abbruch gab es auch dort, wo etwas hätte bleiben und wirksam in den neuen Staat integriert werden können. Solche Gedanken oder Ansinnen waren in den ersten Jahren ja gar nicht möglich. Das große Aufräumen war ein perfekter Besen ohne eine Lücke zwischen den Borsten.

Lernen, ein mündiger Bürger zu sein

Über das Thema der Anpassung an die neuen Verhältnisse nach der Wende haben Sie bereits in dem Essay »Das haben wir nicht gelernt« geschrieben. In einem kleinen Band, der unter dem Titel Angepasst oder mündig? *erschienen dann Briefe, die Bürger im Herbst 1989 an Sie geschickt hatten.*

CW »Das haben wir nicht gelernt« habe ich ganz früh geschrieben. Das war ein Artikel, der sich auf eine Lesung bezog. Eine Lehrerin hatte das in der anschließenden Diskussion gesagt, weil von vielen Teilnehmern eine neue Art des Verhaltens, ein couragierteres Auftreten als Bürger gefordert wurde. Da sagte diese junge Frau, die eigentlich ganz rührend-ratlos dastand: »Das haben wir nicht gelernt.« Das war übrigens im Ort Neubukow. Das habe ich dann so geschrieben. Es gab darauf eine starke Reaktion, auch eine ziemlich ablehnende von Lehrern, die sagten: »Nein, wir haben uns nichts vorzuwerfen, wir haben das Richtige getan.« Die Lehrer waren damals intensive Leser, daher wurde dieses Thema dann auch in der Öffentlichkeit diskutiert.

»Das haben wir nicht gelernt«

Vor vierzehn Tagen, nach einer Lesung in einer mecklenburgischen Kleinstadt, beschwor ein Arzt die Anwesenden, die das Literaturgespräch sehr schnell in einen politischen Diskurs umgewandelt hatten, jeder solle jetzt an seinem Platz wenigstens offen und deutlich seine Meinung sagen, sich nicht einschüchtern lassen und nichts gegen sein Gewissen tun. In die Stille nach seinen Worten sagte leise und traurig eine Frau: »Das haben wir nicht gelernt.« Zum Weitersprechen ermuntert, erzählte sie von dem politisch-moralischen Werdegang ihrer Generation – der heute knapp Vierzigjährigen – in diesem Land: Wie sie von klein auf dazu angehalten wurde, sich anzupassen, ja nicht aus der Reihe zu tanzen, besonders in der Schule sorgfältig die Meinung zu sagen, die man von ihr erwartete, um sich ein problemloses Fortkommen zu sichern, das ihren Eltern so wichtig war. Eine Dauerschizophrenie hat sie als Person ausgehöhlt. Nun, sagte diese Frau, könne sie doch nicht auf einmal »offen reden«, ihre »eigene Meinung sagen«. Sie wisse ja nicht einmal genau, was ihre eigene Meinung sei.

Ein erschütternder, wenn auch nicht überraschender Befund. Erschütternd auch deshalb, weil er von den Leitungen der Volksbildung, die ihn zu einem guten Teil zu verantworten haben, seit vielen Jahren geleugnet, mit einem scharfen Öffentlichkeitstabu belegt und unter dröhnenden Erfolgsmeldungen erstickt wird; weil jeder, der dennoch auf grundlegende Deformationen bei Zielen und Methoden der Erziehung junger Menschen an unseren Schulen hinwies, politischer Gegnerschaft verdächtigt wurde und womöglich noch wird. Kritische Bücher, Stücke, Filme zu diesem Thema hatten es schwer. Die Medien schwiegen, schlimmer: Sie überzogen den Kern des Problems – daß unsere Kinder in der Schule zur Unwahrhaftigkeit erzogen und in ihrem Charakter beschädigt werden – mit wort- und bilderreicher Schaumschlägerei, in der Schein-Probleme serviert und im Handumdrehen gelöst wurden. (Ich ziehe meinen Hut vor den Lehrern, die in voller Kenntnis der Lage und oft nahe der Verzweiflung versucht haben, ihren Schülern einen Raum zu schaffen, in dem sie frei denken und sich entwickeln konnten.) Die angeblich für sie geschaffenen Organisationen, welche die Jugendlichen mehr vereinnahmten, als ihnen Einübung in selbständiges, demokratisches Handeln zu ermöglichen, ließen sie meistens im Stich. Von den Leidtragenden dieser Misere mußten die beklagenswerten Zustände als unabänderlich angesehen werden. Gerade diese Erfahrungen, mit denen sie von fast allen Erwachsenen allein gelassen wurden, haben nach meiner Überzeugung viele von ihnen weggetrieben. Das Ergebnis konnten wir auf westlichen Bildschirmen besichtigen: Massen junger Leute, die zumeist leicht und freudig aus dem Lande rennen. Gut ausgebildete Facharbeiter, Sekretärinnen, Krankenschwestern, Ärzte, Verkäuferinnen, Wissenschaftler, Ingenieure, Kellner, Straßenbahnfahrer. Was wollen die bloß noch, habe ich Ältere, die selbst keine wirkliche Jugend hatten, fragen hören, die hatten doch alles.

Alles. Außer der Möglichkeit, ihr kritisches Bewußtsein im Streit mit anderen Auffassungen zu schärfen, ihre Intelligenz nicht nur an Bildungsstoffen zu beweisen, sondern sie bei einer für sie bedeutsamen gesellschaftlichen Tätigkeit mit anderen zusammen anzustrengen, Experimente zu machen, auch solche, die dann scheitern, ihre Lust am Widerspruch, ihren Übermut, ihre Skurrilitäten, ihre Verquertheiten und was immer ihnen die Vitalität dieses Lebensabschnitts eingibt, in produktiver Weise auszuleben, sich also kennenzulernen. Den aufrechten Gang zu üben. Bei der Gelegenheit: Was ist aus den Schülern der Carl-von-Ossietzky-Schule in Berlin-Pankow geworden, die eben das getan haben und dafür – ein Hohn auf den Namen ihrer Schule! – relegiert wurden? Wann können sie, falls sie es wollen, ihren Schulbesuch fortsetzen? Und: Wann werden diejenigen zur Verantwortung gezogen, die befahlen, mit Gewalt gegen junge, gewaltlose Demonstranten und Unbeteiligte vorzugehen; wann werden die Vorgänge auf Polizeirevieren, in Garagen usw. untersucht, öffentlich gemacht und geahndet, die diesen Befehlen folgten?

So etwas gebe es auch anderswo auf der Welt? Ich weiß, und ich habe es selbst beobachtet. Aber wir leben nicht anderswo, sondern ausgerechnet hier, in jenem Teil Deutschlands, der erst seit vierzig Jahren ein Staat ist, der sich die Bezeichnung »demokratische Republik« gegeben hat und sich »sozialistisch« nennt – das alles in bewußter Alternative zu dem anderen deutschen Staat, der gewiß nicht sozialistisch sein will, der aus einer Reihe von Gründen reicher ist als der unsere und der, wenn keine anderen Werte bei uns den minderen materiellen Wohlstand des einzelnen ausgleichen, eine Dauerverlockung besonders für junge Menschen darstellt. Für mich war es eine Befreiung, als, zuerst wohl in Leipzig, den Sprechchören »Wir wollen raus« der immer noch anwachsende Chor: »Wir bleiben hier« entgegenscholl. In jenen Tagen sagte jemand zu mir: Wir müssen die DDR retten.

Was haben wir falsch gemacht? fragte in der Leseversammlung, von der ich anfangs sprach, eine etwa sechzigjährige Frau. Sie sprach davon, wie stark ihr eigenes Leben mit der

Entwicklung dieses Staates verwoben ist; wie sie an den Zielen hängt, für die sie sich in ihrer Jugend engagierte. Ich verstand sie gut. Natürlich will sie nicht vierzig Jahre ihres Lebens negieren; natürlich wollen und können wir nicht vierzig Jahre Geschichte löschen. Aber es steht uns eine schwere Arbeit bevor; die Voraussetzungen dieser Geschichte und ihren Ablauf Etappe für Etappe, Dokument für Dokument im Lichte ihrer Ergebnisse und der Forderung des heutigen Tages neu zu untersuchen. Dabei wird eine Menge nur noch von wenigen geglaubter Dogmen fallen, unter anderem das Dogma von den »Siegern der Geschichte«.

Diese Losung – darüber waren wir zweihundert Leute, nun schon am späten Abend, in unserer »Literaturdiskussion« uns einig – hat dazu beigetragen, das Verstehen zwischen den Generationen in unserem Land zu erschweren. Eine kleine Gruppe von Antifaschisten, die das Land regierte, hat ihr Siegesbewußtsein zu irgendeinem nicht genau zu bestimmenden Zeitpunkt aus pragmatischen Gründen auf die ganze Bevölkerung übertragen. Die »Sieger der Geschichte« hörten auf, sich mit ihrer wirklichen Vergangenheit, der der Mitläufer, der Verführten, der Gläubigen in der Zeit des Nationalsozialismus auseinanderzusetzen. Ihren Kindern erzählten sie meistens wenig oder nichts von ihrer eigenen Kindheit und Jugend. Ihr untergründig schlechtes Gewissen machte sie ungeeignet, sich den stalinistischen Strukturen und Denkweisen zu widersetzen, die lange Zeit als Prüfstein für »Parteilichkeit« und »Linientreue« galten und bis heute nicht radikal und öffentlich aufgegeben wurden. Die Kinder dieser Eltern, nun schon ganz und gar »Kinder der DDR«, selbstunsicher, entmündigt, häufig in ihrer Würde verletzt, wenig geübt, sich in Konflikten zu behaupten, gegen unerträgliche Zumutungen Widerstand zu leisten, konnten wiederum ihren Kindern nicht genug Rückhalt geben, ihnen nicht das Kreuz stärken, ihnen, außer dem Drang nach guten Zensuren, keine Werte vermitteln, an denen sie sich hätten orientieren können. – Dies ist auch ein Schema, ich weiß, von dem es so viele Abweichungen wie Familien gibt. Aber ich unternehme, voller Zorn und Trauer, hier auch nur eine erste Annäherung an das Thema »Jugend«, und ich weiß, sie selbst, die Jugend, wird dieses Thema aufgreifen und sich über sich selber aussprechen. Vielleicht wird man ihr nun endlich zuhören und sich eingestehen, daß Fackelzüge und gymnastische Massendressuren ein geistiges Vakuum anzeigen und vergrößern, nicht aber geeignet sind, jene Bindungen zu erzeugen, die nur in tätiger Mitverantwortung für die Gesellschaft wachsen können.

Der Nachholbedarf auf vielen Gebieten ist enorm, aber mir scheint, in diesen Wochen lernen wir schneller, und zwar nicht zuletzt von den jungen Leuten: von ihrem Ernst, ihrer Standhaftigkeit, ihrem Humor, ihrem Einfallsreichtum, ihrer Phantasie, ihrer Bereitschaft, sich einzusetzen. (Hoffentlich werden viele Beispiele von literarischem Volksvermögen gesammelt, die sich jetzt in Verlautbarungen, Sprechchören, Flugblättern ungehemmt zeigen.) Mich beeindruckt die politische Reife in den Gesprächen und Diskussionen, die ich erlebte oder von denen ich gehört habe. Sagte man früher – ich spreche wieder von meiner Begegnung mit Lesern –, in Mecklenburg komme alles hundert Jahre später an, so muß ich dem widersprechen: keine Spur! Überall zeigt sich ein großes, bisher ungenutztes Reservoir an Erfahrung und Handlungsbereitschaft.

Wir sprachen an jenem Abend, jener jungen Frau zugewandt, die ich am Anfang erwähnte, auch von einer Metapher, die Tschechow einmal gebraucht hat: Er müsse »den Sklaven tropfenweise aus sich herauspressen«. In diesen Wochen pressen viele von uns, scheint mir, »den Sklaven« literweise aus sich heraus. Aber darüber sollten wir uns nicht täuschen: Die Spuren von Entmündigung in vielen Menschen werden nachhaltiger weiterwirken als zum Beispiel ökonomische Verzerrungen. Bisher hat vor allem die Kunst, oft dafür angegriffen, solche Erscheinungen bemerkt und beschrieben. Wie schön, wenn jetzt Journalisten, Soziologen, Historiker, Psychologen, Gesellschaftswissenschaftler, Philosophen ebenfalls öffentlich ihre Pflicht tun werden.

21. Oktober 1989

Das Kolloquium zum Thema
»Kulturnation Deutschland«

Frau Wolf, Sie sind mit der Jahreswende 1989/90 selbst in den Fokus politischer Auseinandersetzung geraten mit ihrem Buch Was bleibt, *das im Sommer 1990 veröffentlicht wurde. Das Manuskript zum Buch war ja bereits zehn Jahre zuvor fertiggestellt worden. Die Handlung spielt in der Zeit nach der Affäre um die Biermann-Ausbürgerung, genauer im März 1979. Thematisiert wird die dadurch verschärfte Überwachung einer Autorin durch die Staatssicherheit. Marcel Reich-Ranicki warf Ihnen vor, dass Sie das Buch nicht früher veröffentlichten, um den SED-Staat zu schonen. Er zweifelte an Ihrer Autonomie als Schriftstellerin und bezeichnete Sie als Staatsdichterin. In ähnlicher Weise wurde dieser Begriff dann auch von Fritz J. Raddatz auf Heiner Müller angewandt. Inwieweit darf ein Schriftsteller bestimmte politische und ethische Positionen eines Staates, insbesondere eines Einparteiensystems, mittragen? Das war der Kern eines heftigen Literaturstreites.*

GW Diese Delegitimierung im politischen Bereich übertrug sich natürlich auch auf die Kultur. Die Bertelsmann-Stiftung veranstaltete 1990 im Schloss Cecilienhof eine Art Konferenz zur deutschen Kulturnation. Mit dabei waren unter anderen Willy Brandt, Stefan Heym, Walter Jens und der neue Redaktionsleiter des Ressorts »Literatur und literarisches Leben« der FAZ, Frank Schirrmacher, der seinen Vorgänger Marcel Reich-Ranicki abgelöst hatte. Christa war jetzt nicht mehr die Autorin von *Kassandra*, die 1983 in Frankfurt am

Main vor vollen Hörsälen erstmals aus ihrem Manuskript las. Sie war jetzt als Staatsdichterin delegitimiert, das heißt, sie war nicht mehr einfach eine autonome Autorin, man inthronisierte sie als Staatsdichterin der DDR. Das war der sogenannte Literaturstreit. Sie wurde plötzlich zur zentralen Figur auf dieser Konferenz. Willy Brandt spielte das Thema herunter, meinte, das sei doch nichts von Bedeutung. Aber die neue Generation von Redakteuren und Journalisten der großen westdeutschen Blätter nahm das Thema begierig auf. Das Kolloquium fand in dem Saal statt, wo nach 1945 die Siegermächte auf der Potsdamer Konferenz um die Nachkriegsordnung feilschten. In der Mitte des Raumes stand dieser ovale, von Kordeln umgebene Tisch. Da saßen wir nun alle drum herum und der Veranstaltungsleiter von Bertelsmann begann mit dem Satz: »Heute sitzen *wir* hier.«

CW Ja, und das bleibt auch für mich so ein bildlicher Eindruck: Da war der runde Tisch mit den Fähnchen der damaligen Sieger, die diese Konferenz bestritten hatten, und rundherum war eine Art Planken aufgestellt, auf denen *wir* saßen, den historischen Konferenztisch immer im Blick. Dann in der Pause, es war schönes Wetter, ging man raus. Da standen schöne Tische und Stühlchen und darüber Sonnenschirmchen mit Coca-Cola-Werbung. Das war für mich so ein Bild, das sich mir eingeprägt hat: drinnen die Bertelsmann-Übernahme der Geschichte im Grunde – und draußen die Wirtschaft, die sofort auf den Zug aufsprang. Da habe ich etwas kapiert.

Ich wurde heftig angegriffen auf dieser Konferenz. Die Sieger hielten über mich Gericht, so kam es mir vor. Jemand hat in der Pause versucht, mir zu erklären, wie das hier alles gemeint sei und dass ich nicht wegen meiner Vergangenheit

angegriffen werde, sondern dass es darum gehe, was ich *jetzt*
tue. Das war so eine graue Eminenz auf dem Gang, die winkte
mich in eine Ecke. Ich weiß bis heute nicht, wer das war. Dieser graue Herr hat mir das so auseinandergesetzt: »Glauben
Sie doch nicht, dass es darum geht, was Sie früher gemacht
haben. Sie sollen einfach wissen, das ist wegen dem, was Sie
jetzt machen. Sie kriegen keinen Fuß mehr auf die Erde, das
sollten Sie sich mal klarmachen. Aber Sie haben ja Ihre Fans,
also können Sie weiter schreiben und publizieren, das wird
schon gehen. Aber politisch werden Sie jetzt eliminiert.«
Ich sehe sie immer noch, diese merkwürdigen Gänge dort
in Cecilienhof. Es war alles dunkel, ich hatte mich sogar ein
bisschen verirrt und suchte unser Hotelzimmer, wo Gerd auf
mich wartete und das alles auch erst mal verdauen musste.
Ich hatte ein merkwürdiges Gefühl nach diesem Gespräch
– es war eine Begegnung der dritten Art. Hatte ich das *wirklich* erlebt? Oder hatte ich mir das ausgedacht? Und dann
stand ich im Hotelzimmer neben Gerd und hatte so eine
Dose von der Preußischen Porzellanmanufaktur, die man
uns geschenkt hatte, in der Hand, mit der Prägung »Friedrich II.« obendrauf. Und das war für mich der Beweis, dass
das wirklich geschehen war. Es war schon sehr unheimlich.

Nachdenken über die DDR

Die Vortragsreihe »Nachdenken über Deutschland«

Gab es weitere Veranstaltungen aus der Wendezeit, die Ihnen in Erinnerung geblieben sind?

GW Es gab eine schöne Reihe: »Nachdenken über Deutschland«. Das war eine sehr schöne Vortragsreihe im Apollo-Saal der Deutschen Staatsoper in Berlin.[31] Hier traten sie alle auf: Lew Kopelew, Hans Mayer, dann Christa. Die, die wir kannten, haben wir eingeleitet: Christa hat Hans Mayer und Lew Kopelew eingeleitet, ich Walter Jens.

CW Klar, da traten uns natürlich auch die großen Vorurteile entgegen, da die Mauer nun offen war und man sich jetzt wirklich begegnen konnte und Leute wie Kopelew dann eben auch einfach einreisen konnten – oder wir, wenn wir es wollten, auch ausreisen.

Die Verteilungskämpfe im PEN und in den Akademien der Künste

Der Freudentaumel über die Einheit hat auch unter den Schriftstellern nur eine überschaubare Weile angehalten. Ziemlich schnell sind Kollegen in den Angriffsmodus übergegangen. Dinge wurden über Nacht infrage gestellt, die vorher, solange beide Staaten existierten, als völlig normal galten. Plötzlich waren Autoren, die in der DDR geblieben waren, Leute, die den Weltengang nicht begriffen hatten, gemäß dem Satz von Adorno: »Es gibt kein richtiges Leben im falschen.« Wer in der DDR geblieben war, der hatte eine falsche Entscheidung getroffen und sich mit den Herrschenden gemein gemacht. Das Ringen um die Deutungshoheit über die deutsche Geschichte, speziell die DDR-Geschichte, wurde und wird mit dieser typisch deutschen, rechthaberischen Verbissenheit geführt. Damit kehren wir praktisch zur Konferenz nach Cecilienhof zurück. Warum hat man sich damals so auf die Autorin Christa Wolf eingeschossen?

GW Das ging von diesem sogenannten deutschen Literaturstreit aus. Da rieben sich die Geister an Christas kleiner Erzählung *Was bleibt*, in der sie sich angeblich als Widerstandskämpferin, als Opfer legitimieren wollte. Christa beschreibt darin einen Tag der Beobachtung durch die Staatsicherheit. Das war nach der Biermann-Ausbürgerung ein ziemlich authentischer Text. Aber die voreingenommene Sicht des Feuilletons griff rasch über auf die Autoren. Das verhärtete sich dann so weit, dass bei den Vereinigungsprozessen von West- und Ost-PEN oder der beiden Akademien der Künste Mitglieder in den Westsektionen austraten oder mit Austritt drohten, weil sie mit bestimmten DDR-Leuten überhaupt nicht mehr zusammentreffen wollten.

CW Es gab noch die zwei Akademien der Künste in Berlin und das war ein langer, zäher Vereinigungsprozess. Heiner Müller wurde Präsident der Akademie im Osten. Nun durften aber nicht alle Mitglieder der Ost-Akademie übernommen werden, weil das schon rein zahlenmäßig nicht ging. Da entbrannten unheimliche Verteilungskämpfe. Präsident der West-Akademie war Walter Jens. Er war auch Mitglied der Ost-Akademie und ich wiederum Mitglied in der West-Akademie, wie Stephan Hermlin auch. Das Gleiche bei Klaus Staeck, der heute [2008, TG] Präsident der Akademie der Künste ist; er war Mitglied in beiden Akademien. Überhaupt gab es viele solcher Überschneidungen in den Künstlervereinigungen.

Die Auseinandersetzungen waren heftig und wurden mit oft sehr polemischen Äußerungen geführt, wie zum Beispiel von Günter Kunert, der sagte, wir seien alle »Gehirnamputierte«. Er war erst nach Biermann ausgereist und mit kritischen Texten aufgefallen. Vor allem in der bildenden Kunst wurden die sogenannten Realisten ausgemustert. Heftigste Anfeindungen: »Sind alles Arschlöcher«, meinte Georg Baselitz.[32] Üble Beschimpfungen fielen da, Verletzungen; diese Kämpfe haben lange gedauert. Das waren wie gesagt auch Marktverteilungskämpfe, aber es bildeten sich auch neue Verbindungen und neue Freundschaften. Es kam zu einer Art Neugruppierung unter den Künstlern und das quer zwischen Ost und West.

Seit dieser Zeit sind wir mit Günter Grass erst richtig befreundet. Bei früheren Begegnungen gab es jedes Mal politische Auseinandersetzungen. Auf seine SPD ließ er nichts kommen. Wir waren für ihn ja die Kommunisten, was wir zum Teil auch waren. Vielleicht ihm gegenüber noch mehr als gegenüber anderen. Aber er hat sich sehr solidarisch verhalten in meiner Sache. Generell hat Grass eine positive Rolle gespielt, weil er die deutsche Vereinigung, so wie sie nun mal stattfand, wiederholt kritisierte. Wie gesagt, unsere Freundschaft hat eigentlich erst mit diesem Vereinigungsprozess begonnen.

Christa Wolf mit Stephan Hermlin und Ruth Berghaus bei einer
Plenartagung der Akademie der Künste zu Berlin.

Christa Wolfs Stasiakten und die Frage, wie man sich erinnern sollte

Kurz nach der Wende kam heraus, dass Sie, Frau Wolf, kurzzeitig als Informelle Mitarbeiterin (IM) für die Stasi gearbeitet haben – später wurden Sie jahrelang selbst von der Stasi überwacht. Neben über vierzig Ordnern, in denen die Stasi Ihre Überwachung protokollierte, fand sich auch eine sogenannte »Täterakte«, in der die Berichte enthalten sind, die Sie für die Stasi verfasst haben. Sie gaben später an, dass Sie sich gar nicht mehr an Ihre Tätigkeit als IM erinnert hätten. Vergleiche hinken natürlich immer, aber es gibt doch gewisse Parallelen zu Günter Grass und Walter Jens, deren Mitgliedschaften in Waffen-SS und NSDAP erst spät öffentlich wurden; die Schriftsteller meinten, es vergessen zu haben. Auf eine große Empörung folgte auch bei diesen Autoren die Diskussion, wie man so etwas vergessen, wie man sich so über sich selbst täuschen könne.

CW Ja, wobei bei Grass anzumerken ist, dass er es ja nicht vergessen hatte, das hatte er nie behauptet. Er trug es nur nicht nach außen. Es war gar nicht so, dass er es zum ersten Mal überhaupt erwähnt hat, aber in seinem Buch *Beim Häuten der Zwiebel* erschien es nun öffentlich. Bei mir war es wirklich so, dass ich mich daran nicht erinnerte und dass es auch dabei geblieben ist, jedenfalls nicht an die Dinge, die man mir dann vorwarf.

Das ist wieder eine ganz andere, vielleicht längere Geschichte für sich, wie das mit meiner Stasi-Akte vor sich ging und wie wir überhaupt an diese Akte rankamen. Das war alles ganz schwierig. Leute, die von außen kommen und sagen, sie forschen, kommen ja – ich glaube, auch heute noch – sofort an die Akten ran, während die, die es betrifft, an die sogenannte »Täterakte« eigentlich nicht rankommen dürfen. Unsere sogenannten »Opferakten« hatten wir ja bereits einsehen können. Das waren damals zweiundvierzig Bände. Heute sind es mehr, weil die ganzen Abhörprotokolle noch dazugekommen sind. Aber *diese* Akte, die »Täterakte«, die bekam man nicht.

Na gut, das kam meinen Kritikern eigentlich sehr zupass. Das war mir in dem Moment klar, als die Akte publik wurde. Jetzt hatten sie natürlich das Material, das Indiz für die Rechtfertigung ihrer Angriffe, die sie vorher schon gegen mich gerichtet hatten und die mich damals völlig verblüfft hatten. Die Stasi-Geschichte war das Letzte, was ich erwartet hatte, weil ich mich eben völlig anders sah, meine Entwicklung, mein Leben, alles. Das galt plötzlich gar nichts mehr. Das war eine schwierige Zeit, das muss ich schon sagen.

GW Als das Ganze richtig losging war Christa gerade in den USA. Aber das lag gewissermaßen bereits in der Luft. So waren wir bereits ein bisschen vorgewarnt und die »Berliner Zeitung« bot Christa den Abdruck für eine erste Stellungnahme an. Diese faxte sie aus Los Angeles nach Berlin.

Eine Auskunft

Die Vorgänge um Heiner Müller sind der letzte Anstoß für mich, diesen Artikel zu schreiben, über den ich seit einigen Monaten nachdenke: seit dem Mai vorigen Jahres, als mein Mann und ich unsere Stasi-Akten einsehen konnten. Wir sahen uns mit 42 Bänden konfrontiert, allein für die Zeit zwischen 1968 und 1980 – die Akten über die letzten zehn Jahre scheinen vernichtet zu sein.

Wir erfuhren, daß wir seit 1968 als »Operativer Vorgang Doppelzüngler« minutiös observiert wurden, daß wir von einem Netz von »IM« umgeben waren, was wir erwartet hatten, darunter enge Freunde, was wir so nicht erwartet hatten; daß natürlich unser Telefon, zeitweilig auch die Wohnung, abgehört, die Post ausnahmslos geöffnet und zum Teil abgelichtet wurde; daß man »Legenden« für Informelle Mitarbeiter erfand, um sie bei uns einzuschleusen, Skizzen von unserer Wohnung und der Lage unseres Hauses anfertigte, mich zeitweilig für Auslandsreisen »sperrte« und auch einmal ein Fahndungsblatt über uns ausgab; daß man jedes einzelne meiner Bücher von anscheinend germanistisch gebildeten IM »begutachten« ließ, die in grotesken »Analysen« eine ständig wachsende Staatsfeindlichkeit konstatierten.

Ich fand auch einen Bericht, der mich bis heute erbittert: Als die Mitverfasser des Protestes gegen die Ausbürgerung Wolf Biermanns Ende 76 unter massiven Druck gesetzt wurden, ihre Unterschriften zurückzuziehen, habe ich dieses Ansinnen jedesmal abgelehnt – was alles durch die Akten belegt ist. Da setzt die Stasi unter den Mitunterzeichnern das Gerücht in Umlauf, ich hätte mich in geheimer Aussprache von meiner Unterschrift distanziert; befriedigt wird dann festgestellt, daß dieses Gerücht unter einigen meiner Freunde Mißtrauen gegen mich weckte und eine Spaltung unserer Gruppe bewirkte. Die Namen dieser Freunde werden genannt, es schmerzt mich sehr, sie dort zu lesen. Nun erst konnte ich mir auch erklären, woher die Behauptung, ich sei in der Biermann-Sache »umgefallen«, immer wieder in der westdeutschen Presse auftauchen konnte.

Unser operativer Vorgang bezog sich auf den §106 des Strafgesetzbuches, die Abkürzung für die zu recherchierenden Straftatbestände lauteten »PiD« und »Put«: »Politisch-ideologische Diversion« und »Politische Untergrundtätigkeit«. Die Wortwahl uns gegenüber verschärfte sich von Jahr zu Jahr.

Ich fand aber bei meinen Akten, zu einem »Auskunftsbericht«, auch ein dünnes Faszikel, aus dem ich erfuhr, daß die Stasi mich von 59 bis 62 zunächst als »GI« (»Gesellschaftlicher Informant«), dann als »IM« geführt hat. Das traf mich völlig unvorbereitet. Ich erinnerte mich nur, 1959, als ich Redakteurin der NDL war, von zwei Herren der »Behörde« aufgesucht worden zu sein, die über meine Beziehungen zu einem westdeutschen Autor unterrichtet waren, welcher sich gerade scharf gegen die DDR geäußert hatte. Dadurch eingeschüchtert, erklärte ich mich bereit, mich wieder mit ihnen zu treffen. Ich erhielt einen Decknamen, woran ich keine Erinnerung habe, man hat aber, laut Akte, keine schriftliche Verpflichtungserklärung von mir verlangt. Ich hätte »intellektuelle Bedenken« gehabt, heißt es, und ich hätte nicht an »OP.-Material oder Vorgängen« gearbeitet. In einem Abschlußbericht der Berliner Dienststelle ist von meiner »überbetonten Vorsicht« und »größeren Zurückhaltung« die Rede.

Als wir 1959 nach Halle zogen, wurde die Akte dort, wiederum ohne mein Wissen, weitergeführt. In Halle besuchte uns, keineswegs geheim und ohne daß ich einen Zusammenhang mit den Berliner Vorgängen hätte herstellen können, mehrmals ein Genosse R. in unserer Wohnung, der hauptamtlicher Mitarbeiter der Stasi und als »Betreuer« für den Mitteldeutschen Verlag eingesetzt war, was jeder wußte. Mit ihm habe ich über Verlagsangelegenheiten und kulturpolitische Fragen gesprochen – damals noch in der Annahme, über diesen Weg Kritik wirksamer befördern zu können. Denn gerade die Hallenser Jahre waren eine wichtige Etappe in der Entwicklung meiner kritischen Haltung, besonders zur Kulturpolitik der DDR. Ich hatte die ersten Auseinandersetzungen im Schriftstellerverband, meine Einstellung zum XXI. Parteitag der KPdSU wurde in der Parteizeitung »Freiheit« öffentlich kritisiert. Dies alles steht nicht in der mir bekannten Akte, die nur wenige Blätter enthält, aber in dieser Zeit muß die Stasi-Behörde eingesehen haben, daß sie sich in mir geirrt hatte: Als wir im Sommer 1962 in den Bezirk Potsdam zogen, hat die dortige Stasi sich »nicht daran interessiert« gezeigt, mich zu »übernehmen«. Die Akte wurde am 13.10.1962 geschlossen und im Archiv abgelegt.

Von da an, besonders seit meinem »nicht parteimäßigen« Verhalten auf dem 11. Plenum des ZK der SED im Dezember 65, verstärkte sich die Observation, die dann 68 in einen »Operativen Vorgang« umgewandelt wurde.

Natürlich fragte ich mich, ob ich mit diesem Fund – was heißen mußte: mit einer Darstellung meiner »Aktenlage« überhaupt – an die Öffentlichkeit gehen sollte. Es widerstrebte mir sehr, mir meine kritische Haltung gegenüber den Fehlentwicklungen in der DDR durch die Stasi bezeugen zu lassen; ich wollte meine Bücher und mein Verhalten, das viele

kennen und dessen ich mich nicht zu schämen habe, als
Zeugnisse gewertet wissen. Ich hatte nichts zu »bekennen«
außer der Tatsache, daß ich die Rolle der Stasi vor mehr als
dreißig Jahren nicht in der Schärfe sah wie später: Es hat
seitdem keinen Kontakt mehr mit einer Person gegeben,
die sich als Mitarbeiter der Stasi ausgewiesen hätte, man
hat nie wieder versucht, Informationen von mir zu bekommen.

Deshalb hielt ich es nicht für notwendig, diesen alten, ver-
jährten Vorgang öffentlich zu machen. Ich hatte gar keine
Hoffnung – angesichts der Hysterie, die allein durch die
zwei magischen Buchstaben »IM« ausgelöst wird –, daß
eine solche Veröffentlichung eine Aufnahme finden könnte,
die den wirklichen Relationen dieses Vorgangs in meinem
Leben auch nur einigermaßen entsprechen würde. Ich mußte fürchten, auf diese zwei Buchstaben reduziert zu werden.
Ich stand noch unter dem Eindruck der Kampagne gegen
mich und fühlte mich neuen Angriffen nicht gewachsen. Ich
war und bin darüber bedrückt, daß durch die Jagd nach
»IM« eine Auseinandersetzung mit der komplexen Realität
DDR und auch die selbstkritische Aufarbeitung unserer Le-
bensläufe in diesem Land eher blockiert als befördert wird.
Ich wollte meine Entwicklung in einem größeren Zusammenhang darstellen, in dem auch diese Aktenerkenntnisse
ihren Platz finden sollten.

Heute sehe ich, daß diese Zurückhaltung falsch war. Ich
weiß nicht, ob dieser Artikel nun dazu beitragen kann, die
Diskussion um unsere Vergangenheit zu versachlichen und
zu entdämonisieren. Ich weiß, alle diese Akten halten nur
ein Zerrbild meiner Lebenswirklichkeit fest. Ich habe erfahren, daß Kraft dazu gehört, sich gegen den versteinernden
Blick zu wehren, der einen da noch nachträglich bannen

will; mich damit auseinanderzusetzen habe ich als eine Fortsetzung meines Strebens nach innerer Unabhängigkeit gesehen, von dem die letzten Jahrzehnte meines Lebens in der DDR geprägt waren. Ich habe Zeit gebraucht, um mich meiner selbst zu vergewissern und jetzt darüber sprechen zu können.

CW *Der Spiegel, BILD* und andere Blätter haben sich natürlich auf das Thema gestürzt. Wobei die *FAZ* mit Frank Schirrmacher entgegen früherer Verrisse in diesem Zusammenhang eine sachliche Darstellung gegeben hat. Er hat das nicht hochgespielt wie später auch bei Heiner Müller nicht, sondern relativ sachlich behandelt. Trotzdem setzte da eine richtige Zeitungsschlacht ein.

GW Wir sahen nur eine Möglichkeit, um diese ganzen Spekulationen und Unterstellungen zu beenden: Wir müssen diese Akte vollständig publizieren. Das haben wir, während Christa sich noch in den USA aufhielt, alles in die Wege geleitet. Das war damals ein Novum, zu versuchen, die »Täterakte« zu publizieren. Aber es war einfach nicht möglich, seine eigene Akte zu bekommen. Wir mussten den Umweg über eine journalistische Publikation gehen. Als wir sie dann endlich bekamen, stand nicht viel drin und die Vorgänge lagen fast vierzig Jahre zurück. So ist der Band *Akteneinsicht Christa Wolf. Zerrspiegel und Dialog* mit der vollständigen Publikation von Christas sogenannter »Täterakte« und den Pressestimmen von 1993 entstanden.[33]

CW Auf diesen Band und was darin wirklich zu lesen war, nahm später natürlich niemand mehr Bezug. Darauf gab es kein Presseecho, ich hatte meinen Stempel weg und für bestimmte Leute spielte das dann immer wieder eine Rolle: »Da war ja mal was …«

In den USA habe ich die Pressestimmen umgehend zugefaxt bekommen und nicht nur die Debattenbeiträge aus Deutschland. »Die Autorin Christa Wolf und die Stasi« machte ja international Schlagzeilen. In fast allen Zeitungen in den USA, Italien, Frankreich, überall waren es zum Teil Titelgeschichten. Leute, zum Teil Übersetzer oder Germanisten, die über mich geschrieben hatten und mich gut kannten, versuchten dagegenzuhalten. Zu diesem Zeitpunkt war das so gut wie unmöglich. Es waren Günter Grass, Friedrich Schorlemmer, Volker Braun, Antje Vollmer und andere, die mir mit ihrem Auftreten in dieser Sache Mut machten.

Sehr wichtig für mich in dieser Zeit war Günter Gaus. Kontakte zu ihm gab es schon, als er der Ständige Vertreter der Bundesregierung in der DDR war. Wir kannten uns also schon länger von den Empfängen in der Ständigen Vertretung, und es wurde eine wirklich enge Freundschaft daraus. Mit ihm machte es auch Spaß, wenn es darum ging, uns einzuführen in die Usancen der Bundesrepublik. Er hat gesagt: »Nun seid doch bloß mal ruhig. Eure DDR, eure kleine DDR, nehmt das mal nicht so wichtig. Da gibt es noch ganz anderes in dieser Welt, was man kritisieren kann.« Er moderierte damals die Sendung *Zur Person*, zu der er nur jeweils einen Gast ins Studio einlud. In dieser für mich schweren Situation kam er extra rüber nach LA geflogen, um mich als Gast in der Sendung zu haben. Das hat er gemacht, obwohl er Flugangst hatte! Ich bin zweimal bei *Zur Person* da gewesen. Das erste Gespräch war im Februar 1993, das zweite dann später, im Oktober 2000.[34] Es war schon sehr gut und wichtig, dass er damals gleich kam. Wir haben später sehr oft zusammengesessen und er hat – das war eine wertvolle Hilfe – sehr viel erzählt von sich und dem Leben in der alten Bundesrepublik. So kannten wir schon einige Geschichten aus seiner Autobiografie, die kurz nach seinem Tod 2004 erschien und die er ja leider nicht mehr abschließen konnte.[35]

Die Gesprächskreise

Der Müggelsee-Gesprächskreis

CW Die Nachwendezeit kann man als scheckig beschreiben, so was wie Patchwork. Da waren immer die Dinge, die uns im negativen Sinne betrafen und bedrückten. Dann gab es wiederum die Dinge, die positiv waren. Es gab Zusammenkünfte mit einer Gruppe, da war ich fünf oder sechs Mal, die der Psychoanalytiker Horst-Eberhard Richter zusammen mit anderen gegründet hatte.[36] Zweimal haben wir uns am Müggelsee getroffen und über deutsch-deutsche Probleme gesprochen. Das begann in der Zeit, in der sich etwas Positives zwischen Ost und West entwickelte, ein Aufeinander-Zugehen und Einander-Kennenlernen. Diese Gruppe hatte sich das ganz bewusst auf ihre Fahnen geschrieben und ging überhaupt nicht davon aus, dass man die DDR delegitimieren müsse. Im Gegenteil, da kam dann Richard von Weizsäcker dazu. Die aus dem Westen wollten die DDR verstehen, und wir sollten sie verstehen. Die Anregung zu diesem Kreis ging wohl von der Friedrich-Ebert-Stiftung aus. Egon Bahr und Axel Schmidt-Gödelitz hatten das vermittelt. Bis heute gibt es in Sachsen auf Gut Gödelitz ein Ost-West-Forum.[37]

Der Weiberkreis

CW Ich selbst hatte einen Gesprächskreis. Den sogenannten Weiberkreis. Der wurde schon lange vor der Wende gegründet, 1986. Einmal im Monat trafen wir uns, neun oder zehn Frauen. Wer immer da war, ging eben hin. Eine kochte manchmal sehr aufwendig und wir redeten über Gott und die Welt. Es war ursprünglich gedacht und ist auch heute [2008, TG] noch so gedacht, dass wir uns gegenseitig unsere Texte vorlesen. Aber es kommt auch vor – ziemlich oft sogar –, dass keine einen neuen Text hat. Dann ist es ein Kreis, in dem über alle Fragen, die uns gerade betreffen, auch persönlicher Art, aber hauptsächlich zu gesellschaftlichen Themen, geredet wird, oder um zu erzählen, wo jemand war, was jemand erlebt hat.

GW Das kommt eigentlich aus der Zeit, als diese vielen Frauen damals in der DDR anfingen zu schreiben. Irmtraut Morgner lebte da schon nicht mehr; aber Helga Königsdorf, solange sie noch gesund war, war in diesem Gesprächskreis. Sie ist ja nun leider lange schon sehr krank. Und Sigrid Damm, Gerti Tetzner, die *Karen W.* geschrieben hat, Rosemarie Zeplin, eine vor der Wende nicht unbedeutende Schriftstellerin, Ehefrau von Günter de Bruyn, die danach nicht mehr geschrieben hat. Helga Schütz, Brigitte Burmeister, Daniela Dahn gehörten auch dazu. Kurz vor der Wende haben die Frauen dann ein Pamphlet herausgegeben.

CW Das war im Berliner Schriftstellerverband, da sind wir Frauen mit diesem Pamphlet für Pressefreiheit aufgetreten.[38] Das war überhaupt das erste Mal, dass das Thema im Schrift-

stellerverband vorgetragen wurde. Zu unserer großen Überraschung haben sich die meisten Kollegen *dafür* geäußert.
Hermann Kant war sauer, aber die meisten waren plötzlich
dafür. Das hatten wir überhaupt nicht so erwartet.

Der ›Gesprächskreis Christa Wolf‹

CW Mein anderer Gesprächskreis begann mit der großen
Diskussion um mein Buch *Störfall*, noch zu DDR-Zeiten,
1987. Ich hatte *Störfall – Nachrichten eines Tages* über den
Atomunfall in Tschernobyl geschrieben. Dagegen haben
sich Atomwissenschaftler der DDR, aus Greifswald, aus
dem Kernkraftwerk Lubmin, ausgesprochen. Ich würde die
Gefahren übertreiben, jage den Leuten Angst und Schrecken
ein und zumindest in der DDR sei alles sicher und es könne
nichts passieren und so weiter. Zu einer der ersten Gesprächs-
runden holte uns ein Mann mit seinem Trabi ab, der war In-
genieur in einem der Atomkraftwerke. Unterwegs erzählt er,
wie wenig sicher die Kernmeiler eigentlich sind und was für
Pannenmöglichkeiten es gibt, sodass die Kritik, ich würde
den Leuten Angst machen, doch schon sehr relativiert war.
Trotzdem gab es in einer wissenschaftlichen Zeitschrift
einen heftigen Angriff auf mein Buch. Da habe ich gesagt:
Na gut, also müssen wir diskutieren. Das war dann möglich
in der Ost-Akademie am Robert-Koch-Platz, und das war
im Grunde der Anfang dieses Gesprächskreises. Beim ersten Mal – es waren heftige Diskussionen – fanden wir gar
kein Ende. Mit dabei waren auch Leute von der Bürgerbewegung, der Physiker Sebastian Pflugbeil zum Beispiel. Der
arbeitete damals in der Akademie der Wissenschaften. Er hat

die Kraftwerker persönlich angegriffen: »Ihr seid Mörder!«
Das war natürlich starker Tobak, aber eben schon in dieser
Heftigkeit wichtig. Die Greifswalder, die Lubminer Vertreter,
verteidigten natürlich ihre Sicherheitsstandards und luden
uns ein, das Werk zu besichtigen. Wir sind natürlich hinge-
fahren.

Sie haben uns durch das Atomkraftwerk in Lubmin geführt. Mir ist noch diese Schaltzentrale in Erinnerung, rund-
rum mit blinkenden Lampen, und mir war das alles die ganze
Zeit ziemlich unheimlich. Nach der Berliner Konvention war
das alles abgesichert. Eine internationale Kommission hatte
das geprüft. Es war bestimmt nicht weniger sicher als jedes
Atomkraftwerk auf westlicher Seite auch. Sie mussten sich
streng an diese Konvention halten und alles einbauen, was
verlangt wurde. Das war sicherlich so. Aber sie wollten doch
die Gefahr, die von der Nuklearkatastrophe von Tschernobyl ausging, soweit das möglich war, herunterspielen.

Die ganze erste Zeit nach dem Mauerfall ging es um Themen der Wiedervereinigung Deutschlands. Wir luden Referenten ein. Da waren zum Beispiel Egon Bahr dabei und Kurt
Biedenkopf, der noch an der Universität Leipzig Professor
war, also noch nicht Ministerpräsident Sachsens. Es kamen
Antje Vollmer, Rudolf Bahro, Richard von Weizsäcker. Jeder sprach zu einem aktuellen Thema, von dem wir dachten,
dass das in der Luft lag. Es kamen auch Gäste von weither.
Sie alle sind gekommen, um sich zu informieren, auch Journalisten.

GW Es war zunehmend eine Ost-West-Begegnung in diesem Kreis, der aber den Grundsatz hatte, dass es keine Pres-
severöffentlichungen darüber geben dürfe. Wir hatten von
vornherein gesagt, dass wir nicht wollen, dass das jedes Mal

in der Zeitung steht. Daran haben sich auch alle gehalten, das blieb in diesem kleinen Rahmen.

CW Ich lud Referenten ein, die das natürlich freiwillig gemacht haben, also nicht bezahlt werden mussten. Das hätten wir gar nicht gekonnt. Mir war das angenehm und ich wollte auch, dass sich das in solch einem familiären Rahmen bewegte. Später, als es in der Akademie der Künste nicht mehr möglich war, haben wir uns kurze Zeit in dem Club »Möwe« und dann in Pankow getroffen. Wir hatten eine Truppe von drei oder vier Frauen, die kamen immer vorher und haben unheimliche Mengen von Brötchen geschmiert. Wir haben in der Pause Getränke ausgegeben, wo alle beieinanderstanden und Brötchen kauten. Das hat die Atmosphäre mitbestimmt, weil man sich darauf freute, auch einmal ganz privat zu plaudern. Je länger der Gesprächskreis stattfand – es gab einen festen Stamm von Leuten –, umso näher haben wir uns kennengelernt. Das war dann Ost-West gemischt, es war nicht mehr diese Cliquenbildung: nur Ostler – nur Westler. Das habe ich mit großem Wohlgefallen erlebt, darum ging es mir. Das sollte passieren. Von den Vorträgen und Gesprächen müssten noch Tonbandprotokolle existieren. Ich erzähle das nur, um Ihnen zu sagen, dass ich mich nicht nur mit Schreiben beschäftigt habe, sondern es war schön, auch andere Dinge zu tun.

GW War nicht Jürgen Habermas bei den ersten zwei Treffen mit dabei? Stammt von ihm nicht der Satz »Ihr dürft euch eure Geschichte nicht nehmen lassen«?

CW Ja, ich glaube aber, er war nur einmal dabei. Mehr in Erinnerung habe ich, dass ich ihn im Westen getroffen habe und dass ich bei ihm zu Hause war, zusammen mit Margarete Mitscherlich, und dass ich ganz überrascht war, wie dort die DDR gesehen wurde. Eben nach dem Motto »ein richtiges Leben im falschen gibt es nicht«. Dann kam sein Brief, in dem er schrieb, dass das intellektuell-geistige Niveau in Deutschland sinken werde, weil jetzt die ostdeutschen Intellektuellen dazugekommen seien, die ja über keine Erfahrung hinsichtlich eines kritischen Bewusstseins verfügten. Darauf habe ich geantwortet, dass ich ein bisschen überrascht sei von dieser verhältnismäßig undifferenzierten Sicht, wir wären in der DDR abgekoppelt gewesen vom westlichen Denken und hätten sozusagen durch den Stalinismus den Geist der Aufklärung verloren.[39]

Was tun! Neues bürgerschaftliches Engagement

Die Deutungshoheit über die Geschichte

Was denken Sie heute, wenn es um die Deutungshoheit über die historischen Ereignisse geht? Glauben Sie, dass man vorerst sich mit seiner eigenen Biografie auseinandersetzen sollte und die theoretische Antwort der Geschichtsschreibung späteren Generationen vorbehalten sein sollte?

CW *Nur* das Biografische reicht nicht aus, das, glaube ich, wurde zu kurz greifen. Obwohl es wichtig ist, Biografisches und Zeitzeugenberichte aufzuheben, damit sie nicht verloren gehen und damit man später daran anknüpfen oder daraus Konkretes der Zeit ablesen kann. In letzter Zeit merke ich besonders, dass Fragen aufkommen wie: Wieso hängen denn Leute an der Illusion ›DDR‹?, also an der Illusion davon, was die DDR angeblich verkörperte, was sie aber nicht verkörpert hat. Dass Leute immer noch an dieser Illusion hängen, diese Nostalgie, das wirft man ihnen vor. Allmählich kommt man anscheinend auf die Idee, dass soziale Gerechtigkeit etwas ist, was Menschen doch sehr tief verinnerlichen und dass es fast so ein Ursprungsziel der Menschheit ist. Merkwürdigerweise ist man in der Frage uneins, ob die Erringung von Freiheit vor der Durchsetzung sozialer Gerechtigkeit steht oder ob umgekehrt das Soziale der Freiheit vorausgehen muss. Beide Bereiche, Freiheit und Gerechtigkeit, hängen aber zusammen, stoßen aufeinander. Menschen sehen zunächst einmal ihren eigenen Lebenstraum und Lebensstandard. Wenn man es schaffen würde, in dieser Frage vorhandene Vorurteile oder Unkenntnis beiseitezuräumen, dann käme man vielleicht der Antwort näher, was denn diese DDR nun eigentlich war.

Ist nur Erinnern an die DDR Nostalgie oder müsste nicht das Erinnern an die alte Bundesrepublik es auch sein?

CW Vor diesem weichzeichnenden Rückblick ist niemand gefeit. Ich habe diese Nostalgie nie vertreten, die einen verherrlichenden Standpunkt einnimmt.

GW Manche weinen eben der alten Bundesrepublik nach und das mit Recht, weil es für sie ein viel überschaubarerer und demokratischerer Staat war, damals.

CW Vor allen Dingen ein wohlhabenderer Staat, das Land der Deutschen Mark. Im Rückblick lebte der Westen im Wohlstandsglück. Dagegen war der Lebensstandard im Osten insgesamt nicht sehr hoch, aber es gab nicht dieses Gefälle zwischen oben und unten. Wenn man dieses eigentlich kümmerliche Leben der Oberen in Wandlitz betrachtet, dann versteht man, dass es so richtigen Reichtum wie im Westen hier nie gab.

Es ist doch sehr merkwürdig, dass die DDR seit nun bald zwanzig Jahren in all ihren Facetten untersucht wird und dabei Diskriminierung, Unterdrückung und Unrecht mit viel Aufwand, auch finanziellem, aufgearbeitet wurden. Trotzdem ist der Streit über die historische Beurteilung dieses untergegangenen Arbeiter-und-Bauern-Staats nicht beigelegt. Warum hat die Geschichte der DDR trotz allem so eine Nachwirkung?

CW Da, glaube ich, ist eine merkwürdige Sache passiert. Die DDR hat sich mehr und mehr in ein Dogma eingesponnen. Die Bürger lehnten das ab, wollten mit diesem Staatssystem nichts mehr zu tun haben. Dennoch sind bestimmte Ideale und Werte, die gleichzeitig vom Staat mit seiner sozialistischen Ideologie ebenso vertreten worden sind, in die Gesellschaft eingesunken. So ist eine Art von Zivilgesellschaft entstanden, die sich vom Staat abgewandt hat, die ihm in vielen Dingen kritisch gegenüberstand, aber teilweise identische Werte vertrat. Das waren nun nicht alle Bürger, aber ein erheblicher Teil, der sich abwandte und distanzierte, aber zugleich neue Formen von Nachbarschaftshilfe, Dialogbereitschaft und der sozialen Gerechtigkeit lebte. Das haben diese Bürger nun nicht dauernd vor sich hin trompetet, sie lebten mit diesen Werten. Heute vermissen sie diese Form von Gemeinschaft.

Wenn man es nur fertigbrächte, dieses Brett vor dem Kopf ein wenig wegzunehmen und sich einfach mal sachlich zu fragen: Was ist wirklich dort in der DDR geschehen? Sind die Leute alle blöd oder haben die da etwas erlebt und selbst geschaffen? Wodurch eigentlich, obwohl sie den Staat gar nicht schätzten oder sogar ablehnten? Komischerweise hatte sich in diesem abgeschlossenen Biotop – es war ja eines – eine Gesellschaft gebildet, die bestimmte Lebensweisen und Ziele für die Menschen hervorgebracht hat, vielleicht auch sozialistische Werte einfach anders und ehrlich lebte.

Lokales Engagement der Bürger
nach der Wende

GW Interessant ist ja heute, dass sich wieder kleine Gemeinschaften bilden. Wir erleben das in Mecklenburg, wo plötzlich ein Westdeutscher ein Gutshaus kauft und sich in das Dorf integriert. Dann kommen andere, die einen alten Stall zur Begegnungsstätte und zum Veranstaltungszentrum ausbauen wollen. Es bilden sich kleine Zellen, wie zum Beispiel der ›Rothener Hof‹, wo sich eine neue Art zwischenmenschlicher Beziehung entwickelt, wie sie früher in den Dörfern bestand, damals mit Erntehelfern und den LPG-Festen.

CW Ich habe den Eindruck – wie Sie schon sagen, Vergleiche hinken immer und es stimmt nie ganz –, dass wir jetzt wieder etwas erleben, was wir damals in der DDR sehr dezidiert miterlebt haben: dass sich Gruppen bilden, Zirkel, fast familiäre Vereinigungen, die versuchen, sich in diesem kalten und sie bedrängenden Globalisierungsprozess, der sehr schwierig zu bewältigen ist, eine Nische zu schaffen. Eine sehr kreative Nische für Menschen, die nicht nur konsumieren, sondern gestalten möchten. Leute, die sich ein Ziel setzen, um etwas gemeinsam zu schaffen, und sei es, eine alte Scheune zu restaurieren, um sie wieder als Dorfmuseum oder Hofladen zu eröffnen. Das kann man seit zwei, drei Jahren vermehrt beobachten.

Neue Initiativen – Das Jüdische Waisenhaus der Cajewitz-Stiftung

GW Auch hier, wo wir sitzen, im Amalienpark in Berlin sind ganz neue Initiativen entstanden, wo sich unterschiedlichste Leute zusammentun. Zum Beispiel der Verein der Förderer und Freunde des ehemaligen Jüdischen Waisenhauses in Pankow.[40] Ein sozial sehr engagierter Jurist aus Frankfurt am Main, Dr. Peter-Alexis Albrecht, einer der beiden Vorstände der Cajewitz-Stiftung in Hannover, hat sich verliebt in den Amalienpark und warf seinen Blick auch auf das verfallende Jüdische Waisenhaus, das fast am Zusammenbrechen war, weil es nicht mehr benutzt wurde.

Zu DDR-Zeiten war da zuletzt die Kubanische Botschaft drin. Dann fiel es an den Staat Israel. Eventuell sollte die Botschaft reinkommen. Das haben sie dann aber sein gelassen, und das Haus verfiel immer mehr. Im April 1999 schlossen Israel und die Dr. Walter und Margarete Cajewitz-Stiftung einen Kaufvertrag, mit dem die Stiftung das ehemalige Jüdische Waisenhaus erwarb. Es kam zu einer Vereinsgründung zur Förderung der Wiedererrichtung dieses Jüdischen Waisenhauses. In den Verein sind wir auch eingetreten und konnten so ein außergewöhnliches Ereignis miterleben. Durch Inge Lammel, die hier in Pankow lebte – in der DDR war sie bei der Akademie der Künste verantwortlich für das Arbeiterlied –, wurden überlebende Zöglinge des Waisenhauses, die sich 1938/39 durch Kindertransport nach England gerettet hatten, soweit sie noch lebten, ausfindig gemacht.[41] Als das Haus wiedereröffnet wurde, kamen zirka zwanzig von diesen Zöglingen wirklich noch an, alte Leute aus allen

Himmelsrichtungen, die sich gar nicht mehr kannten. Das ist so eine Sache, wo sich Ost- und Westmenschen gemeinsam ein Ziel gesetzt haben: die Wiedereröffnung des Jüdischen Waisenhauses in Pankow.

Eine Utopie? Den Untergang durch Erderwärmung verhindern

Sie haben in einem Ihrer ersten Bücher vor fünfzig Jahren eine Utopie beschrieben: »Eines Tages wachen wir auf, und die Welt ist sozialistisch. Die Atombomben sind im Meer versenkt, und der letzte Kapitalist hat auf sein Aktienpaket verzichtet.«[42] Haben Sie die noch, eine Utopie?

CW Eine Utopie? Ach, ich weiß nicht, wie viel Emotion dabei ist, wenn ich sage, letztendlich kann die Menschheit – wir müssen doch heute in diesen großen Dimensionen denken – nicht überleben, wenn sie sich nicht ein Ziel setzt, das heute utopisch erscheint, zum Beispiel den Untergang unserer Zivilisation durch Erderwärmung oder andere Umweltkatastrophen zu verhindern. Solche Ziele erscheinen angebracht, wobei man im gewöhnlichen Sprachgebrauch dazu sagen könnte »utopische Ziele«. Ich meine, einfach zu versuchen, wenigstens das Artensterben oder den CO_2-Ausstoß zu stoppen. Im Grunde müsste die ganze Menschheit, müssten wir alle unsere Kräfte *darauf* konzentrieren und nicht darauf, dass immer mehr produziert wird, noch mehr Autos, noch mehr Kleidung … Wir müssen vom Wachstum um jeden Preis weg. Es müsste eine wirkliche Umwälzung in der Wirtschaft und in den Köpfen stattfinden. Dass wir dieses Ziel jetzt zu einer wünschenswerten Utopie deklarieren, sagt viel aus über die tatsächlichen Chancen seiner Verwirklichung. Aber ich weiß, das ist eigentlich nicht das, was Sie in Ihrer Frage unter Utopie verstehen.

Anmerkungen

1 Christa Wolf, *Ein Tag im Jahr. 1960-2000,* München 2003.

2 Christa Wolf, »Tagebuch – Arbeitsmittel und Gedächtnis«, in: dies., *Werke in 12 Bänden,* Band 4: *Essays/ Gespräche/ Reden/ Briefe 1959-1974,* herausgegeben von Sonja Hilzinger, München 1999, S. 59- 75.

3 Inzwischen ist der Briefwechsel zwischen Ingeborg Bachmann und Paul Celan publiziert worden: Ingeborg Bachmann, Paul Celan, *Herzzeit. Ingeborg Bachmann – Paul Celan. Der Briefwechsel,* Berlin 2009.

4 Der Briefwechsel von Christa Wolf und Brigitte Reimann wurde 2016 in erweiterter Neuausgabe veröffentlicht: Christa Wolf, Brigitte Reimann, *Sei gegrüßt und lebe. Eine Freundschaft in Briefen und Tagebüchern 1964-1973,* herausgegeben von Angela Drescher, Berlin 2016.

5 Zum Briefwechsel mit Sarah Kirsch siehe: Sarah Kirsch, Christa Wolf, *»Wir haben uns wirklich an allerhand gewöhnt«. Der Briefwechsel,* herausgegeben von Sabine Wolf unter Mitarbeit von Heiner Wolf, Berlin 2019.

6 Vgl. dazu Franz Fühmann, Christa Wolf, *Monsieur, wir finden uns wieder. Briefe 1968-1984,* herausgegeben von Angela Drescher, Berlin 1995.

7 Stephan Hermlin initiierte 1976 einen offenen Brief gegen die Ausbürgerung Wolf Biermanns, in dem die DDR-Führung aufgefordert wurde, die Ausbürgerung zurückzunehmen. Zu den Erstunterzeichnern gehörten auch Christa und Gerhard Wolf.

8 In Jena protestierten junge Leute, besonders Studenten, gegen die Ausbürgerung Wolf Biermanns, viele von ihnen wurden aufgrund ihrer Beteiligung an den Protesten verhaftet. Vgl. dazu: »Proteste in Jena«, hrsg. von der Bundeszentrale für politische Bildung und Robert-Havemann-Gesellschaft e.V., letzte Änderung im Oktober 2018, www.jugendopposition.de/145336 (letzter Zugriff am 07.08.2019).

9 Thomas Brasch war 1968 offenbar in demselben Gefängnis inhaftiert gewesen, in dem Erich Honecker von den Nazis gefangen gehalten wurde. Honecker hatte in seiner Jugend eine Ausbildung zum Dachdecker begonnen.

10 Vgl. zur Preisrede: Christa Wolf, »Laudatio für Thomas Brasch«, in: dies., *Werke in 12 Bänden,* Band 12: *Essays/Gespräche/Reden/Briefe 1987-2000,* herausgegeben von Sonja Hilzinger, München 2001.

11 Vgl. dazu auch Christa Wolf, *Moskauer Tagebücher. Wer wir sind und wer wir waren. Reisetagebücher, Texte, Briefe, Dokumente 1957-1989,* herausgegeben von Gerhard Wolf unter Mitarbeit von Tanja Walenski, Berlin 2014.

12 Der Briefwechsel zwischen Christa Wolf und Lew Kopelew ist dokumentiert in dem Band Lew Kopelew, Christa Wolf, *Sehnsucht nach Menschlichkeit. Der Briefwechsel 1969-1997*, herausgegeben von Tanja Walenski, Göttingen 2017.

13 Gemeint ist der litauische Autor Kazys Saja, vgl. dazu: Christa Wolf, *Moskauer Tagebücher*, S. 97.

14 Peter Pragal, Ulrich Völklein, »Jedes Land wählt seine Lösung. Gespräch Kurt Hagers mit Peter Pragal und Ulrich Völklein«, *Stern* 16/1987, S. 140-144, hier: S. 140.

15 Ekkehard Maaß ist ein deutscher Sänger, Übersetzer und Publizist. Er beteiligte sich 1976 an den Protesten gegen die Ausbürgerung Wolf Biermanns. In seiner Wohnung organisierte er gemeinsam mit seiner Frau Wilfriede Zusammenkünfte und Lesungen von jungen Autorinnen und Autoren. Vgl. dazu auch Peter Böthig (Hrsg.), *sprachzeiten. Der Literarische Salon von Ekke Maaß. Eine Dokumentation von 1978 bis 2016*, Berlin 2017 und Henryk Gericke, Ingeborg Quaas (Hrsg.), *brennzeiten. Die Keramikwerkstatt Wilfriede Maas 1980-1989-1998. Ein Zentrum des künstlerischen Offgrounds in Ost-Berlin*, Berlin 2014.

16 »Außer der Reihe« war eine von Gerhard Wolf herausgegebene Buchreihe des Aufbau Verlags. Ende der 1980er Jahre erschienen dort Werke von jungen Autorinnen und Autoren der DDR.

17 Martin Michael Passauer, geboren 1943, ist ein evangelischer Theologe und Pfarrer. Er beteiligte sich an der Organisation des Protests oppositioneller und kirchlicher Gruppen gegen die Manipulation der Kommunalwahlergebnisse vom 7. Mai 1989 und wurde im November 1989 Mitglied und später Vorsitzender der Kommission zur Untersuchung der Stasi-Übergriffe auf die Demonstranten vor der Berliner Gethsemanekirche vom 7. bis 9. Oktober 1989. Siehe dazu auch www.bundesstiftung-aufarbeitung.de/martin-michael-passauer-1824.html (letzter Aufruf am 07.08.2019).

18 Markus Wolf, 1923-2006, war der Bruder des Filmregisseurs Konrad Wolf. Von 1952 bis 1986 leitete er die Hauptverwaltung Aufklärung des Auslandsnachrichtendienstes der DDR. 1986 schied er aus dem aktiven Dienst aus.

19 Vgl. Thomas Grimm (Hrsg.), *Was von den Träumen blieb. Eine Bilanz der sozialistischen Utopie*, Berlin 1993, S. 19. Stefan Heym fügt ergänzend hinzu: »Wir hätten ja nur um die Ecke zu gehen brauchen, um im Palais des Ministerpräsidenten, in der Volkskammer oder am Fernsehturm zu sein. Wir hätten die Gebäude besetzen können.«

20 Artikel 27 und 28 der Verfassung der DDR garantierten die Meinungsfreiheit, die Pressefreiheit und die Versammlungsfreiheit der Bürger.

21 Eine Übersicht aller Redner und Reden mit genauen Zeitangaben ist auf der Webseite des Deutschen Historischen Museums abrufbar: www.dhm. de/archiv/ausstellungen/4november1989/htmrede.html (letzter Aufruf am 07.08.2019).

22 Daniela Dahn, Fritz-Jochen Kopka, *Und diese verdammte Ohnmacht. Report der unabhängigen Untersuchungskommission zu den Ereignissen vom 7. und 8. Oktober 1989 in Berlin*, Berlin 1991.

23 Günter Krusche, 1931-2016, war ein evangelischer Pfarrer und Generalsuperintendent von Ost-Berlin. 1992 wurde bekannt, dass er als IM für die Stasi gearbeitet hatte.

24 Dick Boer, geboren 1939, ist ein evangelischer Theologe und war von 1984 bis 1990 Pfarrer der niederländischen Gemeinde in Ost-Berlin. Er war überzeugt davon, dass sich Christentum und Marxismus verbinden lassen und gilt als Initiator des Aufrufs »Für unser Land«.

25 Das Zehn-Punkte-Programm stellte Bundeskanzler Helmut Kohl am 28. November 1989 in einer Rede vor dem Deutschen Bundestag vor. Darin sicherte Kohl der DDR nicht nur humanitäre und wirtschaftliche Hilfe zu, sondern skizzierte einen Weg zur deutschen Einheit. Zunächst sollte die Zusammenarbeit zwischen BRD und DDR ausgeweitet und eine Vertragsgemeinschaft angestrebt werden. Der nächste Schritt sollte die Entwicklung von konföderativen Strukturen zwischen beiden Staaten sein. Voraussetzung dafür sei ein Demokratisierungsprozess der DDR. Der zehnte Punkt, also das Ziel, ist die Wiedervereinigung. Vgl. dazu https://www.bundesregierung.de/breg-de/themen/deutsche-einheit/kohls-zehn-punkte-plan-354022 (letzter Aufruf am 07.08.2019).

26 Christoph Links, *Das Schicksal der DDR-Verlage. Die Privatisierung und ihre Konsequenzen*, Berlin 2009.

27 Siehe Anm. 18.

28 Bei Aufbau wurden die Erzählung *Kassandra* und die Frankfurter Poetik-Vorlesungen in einem Band veröffentlicht.

29 Nach dem Ende der DDR wurden zahlreiche Bücher und ganze Bibliotheksbestände einfach entsorgt. Unter dem Motto »Literatur gehört nicht auf den Müll« startete der evangelische Pfarrer Martin Weskott eine Aktion zur Rettung dieser Bücher und lagerte sie in der Nähe seiner Kirche in Niedersachen. Gegen eine Spende für Brot für die Welt kann man die Bücher mitnehmen. Noch heute öffnet die sogenannte Bücherburg regelmäßig, siehe http://www.buecherburg.de/ (letzter Aufruf am 07.08.2019).

30 So äußerte sich Klaus Kinkel u. a. in einem Interview, vgl. Paul Lersch, »›Sie wußten, was sie taten.‹ Klaus Kinkel im Gespräch mit Paul Lersch«, in: *Der Spiegel*, 33/1991, S. 21-24, hier: S. 23.

31 Die Reden dieser Vortragsreihe gab später Dietmar Keller unter dem Ti-

tel *Nachdenken über Deutschland* beim Verlag der Nation in mehreren Bänden heraus.

32 Georg Baselitz sagte in einem Interview mit der Kunstzeitschrift *ART* 1990, dass es in der DDR keine Künstler gebe und die dort lebenden Maler Arschlöcher seien. Vgl. Alex Hecht, Alfred Welti, »Ein Meister, der Talent verschmäht. Im Gespräch mit den ART-Redakteuren Axel Hecht und Alfred Welti erläutert Georg Baselitz, einer der erfolgreichsten zeitgenössischen Maler und Bildhauer, seine Ästhetik des Häßlichen«, in: *ART – Das Kunstmagazin*, 6/1990, S. 55-72, hier: S. 66 und S. 70.

33 Hermann Vinke (Hrsg.), *Akteneinsicht Christa Wolf. Zerrspiegel und Dialog. Eine Dokumentation*, München 1993.

34 Das erste Gespräch mit Günter Gaus ist transkribiert in Christa Wolf, »Auf mir bestehen. Gespräch mit Günter Gaus«, in: dies., *Essays/Gespräche/Reden/Briefe 1987-2000*, S. 442-470. Ein Video des zweiten Gesprächs von Christa Wolf und Günter Gaus ist auf der Webseite des Logbuchs Suhrkamp abrufbar: www.logbuch-suhrkamp.de/redaktion-logbuch/guenter-gaus-im-gespraech-mit-christa-wolf/ (letzter Aufruf am 07.08.2019).

35 Günter Gaus: *Widersprüche. Erinnerungen eines linken Konservativen*, Berlin 2004.

36 Am Müggelsee-Gesprächskreis nahmen u. a. Christoph Hein, Oskar Lafontaine, Antje Vollmer, Egon Bahr und Norbert Blüm teil.

37 Siehe auch die Webseite von Gut Gödelitz: https://gut-goedelitz.de (letzter Aufruf am 07.08.2019).

38 In der Rede vor dem Schriftstellerverband kritisierte Christa Wolf nicht nur den Ausschluss früherer Mitglieder, sondern forderte deren vollständige Rehabilitierung und die Anerkennung, dass ihnen mit dem Ausschluss Unrecht geschehen sei, vgl. Christa Wolf, »Einspruch. Rede vor dem Schriftstellerverband«, in: dies., *Essays/Gespräche/Reden/Briefe 1987-2000*, S. 185-187. In der Transkription ist zu lesen, dass Christa Wolf für ihren Beitrag großen Beifall erhielt.

39 Vgl. dazu Christa Wolf, »Vom Gepäck deutscher Geschichte. Briefwechsel mit Jürgen Habermas«, in: dies., *Essays/Gespräche/Reden/Briefe 1987-2000*, S. 363-379.

40 Siehe dazu die Webseite www.juedisches-waisenhaus-pankow.de/ (letzter Aufruf am 07.08.2019).

41 Inge Lammel wurde 1915 in Berlin geboren. Als Jüdin musste sie vor den Nationalsozialisten aus Deutschland fliehen und gelangte 1939 mit einem der letzten Kindertransporte nach England. Nach dem Krieg ging sie zurück nach Deutschland und engagierte sich seitdem in ihrem Heimatbezirk Pankow für die Bewahrung der jüdischen Geschichte des Viertels. Sie starb 2015.

42 Christa Wolf, *Moskauer Novelle*, in: dies., *Werke in 12 Bänden*, Band 3: *Erzählungen 1960-1980*, herausgegeben von Sonja Hilzinger, München 2001, S. 7-86, hier S. 43.

Textnachweise

S. 29 f. Konstantin Simonow, »Wart auf mich«, aus dem Russischen von Sepp Österreicher (Pseudonym von Boris Brainin) mit freundlicher Genehmigung von Valeri Brainin.

S. 53-55 Christa Wolf, »Sprache der Wende. Rede auf dem Alexanderplatz«, in: dies., *Werke in 12 Bänden*, Band 12: *Essays / Gespräche / Reden / Briefe 1987-2000*, herausgegeben von Sonja Hilzinger, München 2001, S. 182-184.

S. 68-70 Der Erstabdruck dieses Berichts erfolgte in Christa Wolf, »Über das Unbehagen in der Kommission«, in: Daniela Dahn, Fritz-Jochen Kopka, *Und diese verdammte Ohnmacht. Report der unabhängigen Untersuchungskommission zu den Ereignissen vom 7. und 8. Oktober 1989 in Berlin*, Berlin 1991, S. 277 f.

S. 80 f. »Appell Christa Wolfs an DDR-Bürger: Fassen Sie Vertrauen!«, *Neues Deutschland*, 264/1989, S. 1 (Meldung der Nachrichtenagentur ADN). Der Text erschien am 9. 11. 1989.

S. 86 f. »Für unser Land«, in: *Neues Deutschland*, 281/1989, S. 2. Der Aufruf erschien am 29. 11. 1989 in der Zeitung, wurde aber bereits am 28. 11. 1989 auf einer Pressekonferenz vorgestellt.

S. 102-107 Christa Wolf, »›Das haben wir nicht gelernt‹«, in: dies., *Essays / Gespräche / Reden / Briefe 1987-2000*, S. 152-157. Der Artikel erschien zuerst in der *Wochenpost*, Nr. 43 am 27. 10. 1989.

S. 118-122 Christa Wolf, »Eine Auskunft«, in: dies., *Essays / Gespräche / Reden / Briefe 1987-2000*, S. 437-441. Der Artikel wurde zuerst veröffentlicht in der *Berliner Zeitung* am 21. 01. 1993.

Bildnachweise

S.65 Gerhard Zwickert

S.75 © Karl-Heinz Korn, Quelle: Personenbestand »FSO 01-285 Korn« im
Archiv der Forschungsstelle Osteuropa an der Universität Bremen

S.115 © Akademie der Künste, Berlin, Foto: Christian Kraushaar